わかる！できる！

小学校外国語活動・外国語

1人1台端末
授業づくり
完全ガイドブック

菅　正隆 編著

明治図書

はじめに

　GIGA スクール構想によって，子ども一人一人に端末（コンピュータ）が配布された。しかし，これが十分に活用されているかは疑問である。国としては，新型コロナウイルス感染症による教育の停滞の阻止，授業への効果と効率化を図る観点，及び，数年後に行われる新学習指導要領改訂による紙の教科書からデジタル教科書への移行も視野に入れての動きである。

　しかし，英語教育を考えてみよう。コミュニケーション能力の向上を図る英語教育にとって，人と人とのコミュニケーションはアナログが基本である。そこに，デジタルを取り込もうとするのである。ある研究によると，英語によるコミュニケーションでは，言葉で伝わる部分が４割程度，言葉によらないノンバーバル（ジェスチャーや顔の表情など）で伝わる部分が６割と言われている。確かに，アメリカ人同士の電話での会話でも，相手の顔が見えないことから，話者の意図が伝わりにくいということはよく聞く話である。

　しかし，状況が状況である。英語教育においても，デジタル機器を用いて教師の長時間労働や業務内容を削減し，かつ，効率よく子どもの英語運用能力を向上させることを考える必要がでてきた。一方，遠隔授業においては，国土の広いオーストラリアなどのように，通学にかなりの時間を要する場合にはオンラインでの授業は考えやすいが，日本のように通学にそれ程時間がかからない場合は，遠隔授業に移行することは考えにくい。一時，新型コロナウイルス感染症拡大に伴いオンライン授業が推奨されたが，長続きはしなかった。学校での感染症対策を徹底しての授業が主流であり，今後もこの形態が続くことは想像に難くない。

　そこで本書では，次世代の子ども達に強く求められる２つの能力（ICT 運用能力と英語運用能力）の向上を図る観点から，対面での授業の中で，ICT を活用しながら，いかに効率よく，効果的に子ども達の英語運用能力を向上させるかをテーマに一冊にまとめ上げた。基本的には，各端末に装備されている基本の機能を用いて，楽しく５領域（聞くこと，読むこと，話すこと［やり取り］，話すこと［発表］，書くこと）を効率よく指導の中に取り込む方法で構成した。もちろん，これらはアナログ（口頭説明，板書，ノート使用，対話など）でも指導できる内容ではあるが，総合的に勘案して，デジタルの方が確実に効率と効果の面で軍配が上がる内容をセレクトしている。特に，多忙な教師にとって，初めは使い方に慣れずに時間がかかる場合も想定されるが，時間とともに，ICT はなくてはならない指導アイテムの１つになることは間違いない。

　最後に，本書の執筆を担当した方々は，ICT を用いた授業を展開している小学校教師，大学院で ICT に関する研究をしている現職小学校教師，ICT 教育を担当する指導主事であり，本書は自信をもってお勧めできる一冊となっている。

　2021年10月

大阪樟蔭女子大学　菅　正隆

本書の使い方

1 注意すべき点

本書の使用にあたって最も重要な点は以下の通りである。

> ・Chapter3には，各端末に装備されている基本の機能を用いた授業展開を想定している。
> 初めてICTを使用して授業を行う場合を考え，できる限り易しい操作と内容としている
> （発展的な内容はChapter4でまとめている）。
> ・Chapter3はOS（Google Chrome OS，Microsoft Windows，Apple iPadOS）別に活用ア
> イデアをまとめているが，これらは，OSに特有のものではなく，内容的に他のOSを用
> いても指導可能なもの（Chapter2の「OS別利用可能サービス比較表」を参照）なので，
> OSが異なっていても全てのアイデアが利用可能である。
> ・Chapter3では，主に教室内での対面授業にICTを使用した場合を想定しているが，若干，
> 子ども達が家庭でICTを使用したオンライン授業（ライブ），オンデマンド授業（課題
> 等），宿題等を行う場合についても取り入れている。

2 本書の構成

本書は以下の構成となっている。

(1) Chapter1

ICTを使用する際に知っておきたい理論とICT導入にあたっての国の流れや動きについ
てまとめている。

(2) Chapter2

ICTを使用する際に必要な準備，環境，考え方についてまとめている。

(3) Chapter3

OS別に，授業で基本の機能を用いたICT活用アイデアを12項目に絞ってまとめている。
ただし，上記にあるように，それぞれがOS限定のものではなく，他のOSでも活用できる
内容としている。

(4) Chapter4

OS装備の発展的な活用例と，他のツール，アプリケーション（無償及び有償）を用いた
活用アイデアについてまとめている。

以上を参考に，皆さんの授業が楽しく，効率よく，そして効果的な指導内容となることを切
に願っている。

時代は，ICT，AIの時代である。次世代の子ども達の育成とともに，教師個々が次世代の
優れた指導者として活躍していただくためにも，本書がその一助になることを願っている。

Contents

はじめに　002／本書の使い方　003

Chapter1

小学校外国語活動・外国語授業での
ICT＆1人1台端末活用のポイント

1　ICT と学習指導要領（総則）　010
2　ICT と学習指導要領（外国語活動・外国語）　012
3　GIGA スクール構想　014
4　GIGA スクールで何ができるか　019

Chapter2

小学校外国語活動・外国語授業の
ICT＆1人1台端末の環境づくり

1　ICT を活用するにあたって（環境）　022
2　ICT を授業に活用する考え方　024
3　外国語活動・外国語の効果的な ICT 活用の考え方（基礎編）　027
4　外国語活動・外国語の効果的な ICT 活用の考え方（発展編）　028
5　OS 別利用可能サービス比較表　029
6　役に立つツール，アプリケーションの数々　030

Chapter3

Google Chrome・Microsoft Windows・iPad でできる！
ICT＆1人1台端末活用アイデア

■Google Chrome OS■

3年　聞くこと

1　アルファベットを見つけよう　034
　　Jamboard, Google Classroom

3年　話すこと［発表］

2　自分の好きな虹を作ろう　036
　　Chrome 描画キャンバス, Google ドライブ, Google Classroom, InterCLASS® Cloud

3年　話すこと［発表］

3　クイズを作ろう　038
　　Google スライド, Google Classroom, カメラ

4年　話すこと［やり取り］

4　世界の町は今何時？　040
24timezones.com,　Jamboard,　Google Classroom

4年　話すこと［やり取り］

5　お気に入りの場所クイズ大会をしよう　042
Google スライド,　Google Classroom,　カメラ

4年　話すこと［やり取り］

6　自己紹介をしよう　044
Google スライド,　Google Classroom,　InterCLASS® Cloud,　カメラ

5年　話すこと［発表］

7　自分達の町を紹介しよう　046
Google スライド,　Google Meet,　カメラ,　（Jamboard）

5年　書くこと

8　グリーティングカードを作ろう　048
Chrome 描画キャンバス,　Google スライド,　Google Classroom,　Gmail,　（Jamboard）

5年　聞くこと・話すこと［発表］

9　【家庭学習】動画を見よう　動画を撮ろう　050
QR 作成アプリ（QR のススメ）,　Google Classroom

6年　話すこと［やり取り］

10　世界旅行に出かけよう　052
Google Earth,　Google スライド,　Google フォーム

6年　話すこと［発表］

11　夏休みの思い出についての Show and Tell　054
Google Classroom,　Jamboard

6年　話すこと［発表］

12　未来の自分にビデオレターを送ろう　056
Google Classroom,　Google ドライブ,　Google 翻訳,　はなして翻訳,　Google スプレッドシート,　Jamboard,　カメラ

■Microsoft Windows■

3年　話すこと［発表］

13　自己紹介をしよう　058
Sway,　カメラ,　フォト

4年　話すこと［発表］

14　校内の道案内をしよう　060
カメラ,　フォト

4年　話すこと［やり取り］

15　買い物をしよう　062
Microsoft Teams

5年　聞くこと

16　オンライン授業で道案内をしよう　064
Microsoft Teams，PowerPoint

5年　話すこと［やり取り］

17　レストランのメニューを作ろう　066
PowerPoint，Microsoft Bing

5年　聞くこと

18　確認クイズをしよう　068
Microsoft Teams，Microsoft Forms，カメラ

5年　話すこと［発表］

19　クラスの友達についてのクイズを作ろう　070
Microsoft Forms，Excel，PowerPoint，カメラ

6年　聞くこと・読むこと

20　【家庭学習】動画を視聴し，内容理解のクイズに答えよう　072
Microsoft Teams，Microsoft Forms

6年　読むこと・話すこと［発表］・書くこと

21　小学校の思い出を発表しよう　074
PowerPoint，Microsoft Bing，Microsoft Teams，ボイスレコーダー，カメラ

6年　聞くこと

22　フィードバックを送ろう　自己紹介をしよう　076
Microsoft Forms，Excel，カメラ

6年　話すこと［発表］

23　世界の国（他の学校）とつながろう　078
Skype，カメラ

6年　読むこと・話すこと［発表］・書くこと

24　中学校の先生に送ろう　080
OneNote（クラスノートブック），Microsoft Teams，ボイスレコーダー

■Apple iPadOS■

3年　話すこと［やり取り］

25　自己紹介カードを交換しよう　082
AirDrop，AirPlay，カメラ

3年　話すこと［やり取り］

26　グリーティングカードを作ろう　084
　　Pages

4年　話すこと［やり取り］

27　世界は今何時？　086
　　Siri, Maps, AirPlay, スクリーンショット

4年　話すこと［やり取り］

28　文房具当てクイズを作ろう　088
　　Photo Booth, AirPlay

4年　聞くこと・話すこと［やり取り］

29　オリエンテーリング風校内探検を楽しもう　090
　　Keynote, AirPlay, カメラ

5年　読むこと・話すこと［やり取り］・書くこと

30　誕生日をたずねよう　092
　　Numbers

5年　読むこと・話すこと［やり取り］・書くこと

31　ランチメニューを見て注文しよう　094
　　Pages, AirDrop, AirPlay

5年　読むこと・話すこと［発表］

32　町紹介ワードリストを作ろう　096
　　Clips, Apple クラスルーム, AirDrop

5年　聞くこと・読むこと・話すこと［やり取り］・書くこと

33　アルファベットを言ってみよう　098
　　Clips

6年　読むこと・話すこと［発表］・書くこと

34　日本を紹介しよう　100
　　Maps, Keynote, AirPlay

6年　読むこと・話すこと［発表］・書くこと

35　将来の夢を発表しよう　102
　　Keynote, AirPlay, カメラ

6年　読むこと・話すこと［発表］・書くこと

36　クラスの思い出ムービーを作ろう　104
　　iMovie, AirPlay

Chapter4

さまざまなソフト・アプリでできる！ ICT＆１人１台端末活用アイデア

3年　話すこと［やり取り］

1　一番人気のフルーツを調査しよう　108
Mentimeter,（Microsoft Teams）

3〜6年　話すこと［発表］

2　自宅でオンライン学習，教室外にいる外国人との交流　110
Google Meet, Google スライド, Google ドライブ, Jamboard

3〜6年　話すこと［発表］

3　発表しよう　112
Google スライド, Google Classroom, カメラ

4年　聞くこと・読むこと

4　アルファベットに親しもう　114
Quizlet,（Microsoft Teams）

5年　話すこと［発表］・［やり取り］

5　【家庭学習】行きたい場所を投稿しよう　116
Flipgrid,（Microsoft Teams, Google Classroom, GridPals, Skype）

5・6年　書くこと

6　英語を書こう　118
Chrome 描画キャンバス, Google スライド, Google Classroom

6年　聞くこと・読むこと

7　スモールトークの内容を早押しクイズで答えよう　120
Kahoot!,（Microsoft Teams）

6年　話すこと［発表］・書くこと

8　学校の１日を紹介しよう　122
VN ビデオエディター

6年　聞くこと・読むこと・話すこと［発表］・書くこと

9　スピーチの音読練習をしよう　124
ロイロノート・スクール

6年　聞くこと・読むこと・話すこと［やり取り］・書くこと

10　クイズ大会をしよう　126
ロイロノート・スクール, AirPlay

Chapter1

小学校外国語活動・外国語授業でのICT＆１人１台端末活用のポイント

1 ICTと学習指導要領（総則）

　平成29年告示の小学校学習指導要領には，第1章総則第2の2の教科等横断的な視点に立った資質・能力の育成の項で次のように述べられている（下線部筆者，以下同）。

(1)　各学校においては，児童の発達の段階を考慮し，言語能力，情報活用能力（情報モラルを含む。），問題発見・解決能力等の学習の基礎となる資質・能力を育成していくことができるよう，各教科等の特質を生かし，教科等横断的な視点から教育課程の編成を図るものとする。

　ここでいう言語能力の学習の基礎となる資質・能力の育成には，外国語活動と外国語も含まれている。また，情報活用能力ではプログラミング教育も考えられるが，普段の教科指導の中でコンピュータなどの端末を使用することで，情報活用能力を向上させることが可能である。特に最後の文言「各教科等の特質を生かし，教科等横断的な視点から教育課程の編成を図るものとする」とあることからも，外国語活動と外国語の指導においても，ICTを使用することで，さまざまな能力向上につなげることが可能であり，汎用性も増すことになる。

　また，小学校学習指導要領解説総則編では，さらに具体的な内容が示されている。

イ　情報活用能力

　情報活用能力は，世の中の様々な事象を情報とその結び付きとして捉え，情報及び情報技術を適切かつ効果的に活用して，問題を発見・解決したり自分の考えを形成したりしていくために必要な資質・能力である。将来の予測が難しい社会において，情報を主体的に捉えながら，何が重要かを主体的に考え，見いだした情報を活用しながら他者と協働し，新たな価値の創造に挑んでいくためには，情報活用能力の育成が重要となる。また，情報技術は人々の生活にますます身近なものとなっていくと考えられるが，そうした情報技術を手段として学習や日常生活に活用できるようにしていくことも重要となる。

　情報活用能力をより具体的に捉えれば，学習活動において必要に応じてコンピュータ等の情報手段を適切に用いて情報を得たり，情報を整理・比較したり，得られた情報を分かりやすく発信・伝達したり，必要に応じて保存・共有したりといったことができる力であり，さらに，このような学習活動を遂行する上で必要となる情報手段の基本的な操作の習得や，プログラミング的思考，情報モラル，情報セキュリティ，統計等に関する資質・能力等も含むものである。こうした情報活用能力は，各教科等の学びを支える基盤であり，これを確実に育んでいくためには，各教科等の特質に応じて適切な学習場面で育成を図ることが重要であるとともに，そうした育まれた情報活用能力を発揮させることにより，各教科等における主体的・対話的で深い学びへとつながっていくことが一層期待されるものである。

上記の解説内容を外国語活動と外国語に照らし合わせて考えてみると，下線部にある「情報手段を適切に用いて情報を得たり」は，さまざまな検索サイトを用いた調べ学習であり，「情報を整理・比較したり」は，調べたことを簡単な英語で表し，「得られた情報を分かりやすく発信・伝達したり」は，そのまとめた内容について他の子どもとやり取りをしたり，発表したりすることにつながる。また，「必要に応じて保存・共有したり」は，作成したさまざまなデータを保存したり，他の子どもと比較したりしながら共有することである。以上のように，学習指導要領で求められている能力は，外国語活動と外国語の授業の中で指導し，十分に向上させることができる。また，情報手段の基本的な操作の習得，情報モラル，情報セキュリティ，統計なども同様に，授業の中で指導が可能である。

　解説の最後の下線部にある「適切な学習場面」については，外国語活動と外国語のどの場面でも情報手段が使えるというわけではない。本来，外国語活動と外国語はコミュニケーション能力の向上を図ることを主な目的として，他者とどのように英語を用いながらコミュニケーションを図ることができるのかが求められている。教室においてペアで対面しながら会話をする際に，わざわざ情報手段としてコンピュータなどの端末を使うのは愚の骨頂である。もちろん，遠隔授業なら別の話である。また，教室内でスピーチ発表をする際にも，端末を通しての発表は奇異である。しかし，写真やイラストを提示しながらのスピーチ（Show and Tell）では，提示するものを端末で紹介するのは効果が高い。このように学習場面を考えて，効果と効率を常に考えながら，情報手段を用いることが大切である。これらの使用によって，副次的にコンピュータの操作や，ツールの活用，情報モラルについても習得させることができる。

　一方，情報手段を用いて，「主体的・対話的で深い学び」を授業で体験させるとすれば，どのようなことが考えられるか。例えば，グループでの話し合いについて考えてみる。これまでは，グループ（班）を作るために，近くの子ども達が机を移動して3〜5人で集合させていた。これでは集合に時間を要し，さまざまな子どもとグループを作ることができない。いつも同じメンバーのグループでは変化も刺激もなく，同じ内容や同じ考えのオンパレードで，深い学びまでは到達できない。一方，端末を用いると，子ども達は自分の席に居ながらにして，さまざまな子どもとグループを一瞬で作ることができる。そして，いろいろな考えや意見に触れ，常に刺激を受け，深い学びへといざなわれる。

　以上からも，情報手段をどのように授業に用いるのかが大きな問題となる。

　しかし，情報手段にばかり頼ると，人との対面で得られるアナログの情報，例えば，対面している人の顔の表情や雰囲気，仕草などを感覚的に捉えることができなくなるなどのマイナス面もでてくる。

　常に効果と効率とを勘案しながら使用することが求められる。

2 ICTと学習指導要領（外国語活動・外国語）

　小学校外国語活動及び外国語の学習指導要領には，ICTに関してどちらも第2の3の(2)オに，以下のように書かれている（下線部筆者，以下同）。

　　児童が身に付けるべき資質・能力や児童の実態，教材の内容などに応じて，視聴覚教材やコンピュータ，情報通信ネットワーク，教育機器などを有効活用し，児童の興味・関心をより高め，指導の効率化や言語活動の更なる充実を図るようにすること。

　下線部から，授業においては，ICTを効果的に活用し，子どもに英語への興味・関心を持たせながら，聞くこと，読むこと，話すこと［やり取り］，話すこと［発表］，書くことに関する言語活動を充実させることが求められている。

　次に，この学習指導要領に関する解説文を見てみる。ICTの部分に関しては，外国語活動と外国語では，若干異なっている。まずは，外国語活動から。

（前略）様々な機器や教材が手に入ることを考えると，それらを使う目的を明確にし，児童や学校及び地域の実態に応じたものを選択することが大切である。例えば，外国語の背景にある文化に対する理解を深めるためには，様々な国や地域の行事等を紹介した教材を活用することも考えられる。また，学校間で集合学習や交流学習を行う際には，情報通信ネットワークを用いることで，実際の学習はもとより，事前に打合せや顔合わせをしておくことも可能である。さらに，英語の文字に慣れ親しむ際にも，活字体で書かれた文字とその読み方を結び付ける活動を，教室用デジタル教材などを活用して行うことも考えられる。

　これからも分かるように，学習指導要領作成時には，GIGAスクールなど全く想定できなかったのであろう。このことは，基本的な活用方法やデジタル教材の説明に終始していることからも分かる。しかし，世の中は新型コロナウイルス感染症の蔓延にともない，ICTの重要性が叫ばれ，前倒しでGIGAスクール構想が実現化した。つまり，教育を取り巻く環境が学習指導要領の理念に先んじた格好になった。せいぜいICTに関する文言は下線部にある情報通信ネットワークのみである。では，それに加えて外国語ではどうか。

（前略）さらに，短時間学習を行う際にも，指導を効率化し，児童の興味・関心を高めるために，デジタル教材等の活用が考えられる。
　「読むこと」や「書くこと」を指導する際には，教室用デジタル教材などを活用し，読み聞かせなどの効果を高めたり，文を書き写す際にはその意味をイラストで添え，語順意識の高まりを期待したりすることなども考えられる。これらにより，過度に暗記させることが目的の，単なるドリル的な反復練習を避けることができる。

　ここでも，デジタル教材については触れているが，学習指導要領にあるコンピュータ，情報通信ネットワーク，教育機器については全く書かれていない。

このように，小学校の学習指導要領ではほとんど ICT について言及されてはいないが，一方，中学校の学習指導要領では，デジタル教材については影を潜め，ほぼ ICT の内容となっている。これらは，小学校のこれからの授業にも参考になる内容であり，詳しく見ていく必要がある。

まずは，中学校外国語科の学習指導要領である。

キ　生徒が身に付けるべき資質・能力や生徒の実態，教材の内容などに応じて，視聴覚教材やコンピュータ，情報通信ネットワーク，教育機器などを有効活用し，生徒の興味・関心をより高め，指導の効率化や言語活動の更なる充実を図るようにすること。

これを見ると，小学校での「児童」の語が「生徒」に置き換えられただけである。しかし，解説では，ICT について具体的に書かれ，これからの小学校外国語活動と外国語での ICT 利用の良い指針となっている。以下に関連部分を明記する。

（前略）また，インターネット等を活用することで，学校外へと広がる，現実との結び付きの濃い発展学習を実現することができる。（中略）また，コンピュータや情報通信ネットワークを使うことによって，教材に関する資料や情報を入手したり，電子メールによって情報を英語で発信したりすることもできる。このような活動を通して，生徒一人一人が主体的に世界と関わっていこうとする態度を育成することもでき，教育機器は外国語科における指導にとって大切な役目を果たすものとして考えられる。

しかし，安易に教育機器に頼り過ぎたり，技術的な手法に凝り過ぎたりすることには十分注意が必要である。まず教師がコミュニケーションの手段として英語を積極的に使ってコミュニケーションを行うことが必要であり，それを補い助けていく上で，いかに様々な教育機器が効果的であるかを考えなければならない。

この解説では，ICT の利用について明快である。ICT を活用して情報を収集したり，発信に活用したりすることが記されている。小学校でも，GIGA スクールを背景に，インターネットで調べ学習をしたり，遠隔で授業や宿題を提供したり，Skype などを使って海外と交流したりしている。また，2つ目の下線部「教育機器は外国語科における指導にとって大切な役目を果たすものとして考えられる」とあるように，小学校の外国語活動や外国語においても，同様に大切な役割を果たすことになるのは明確なことである。しかし，こればかりに安住していては危険が孕む。それが3番目の下線部である。ここでも，教師が子ども達と積極的に英語を用いながらコミュニケーションを図り，それにより，子ども達のコミュニケーション能力を向上させることが最も大切なこととしている。そして，ICT は，「補い助けるもの」との認識である。したがって，教師は授業の中で，アナログ VS デジタルを考え，どちらがより効果的で，どちらが効率がよいかを推し量りながら，指導に活用していくことである。つまり，人と人との言葉のやり取りは，基本はアナログの世界であり，ICT に全てを置き換えることはできないということでもある。

3 GIGA スクール構想

GIGA スクールの名称は，今では誰でも口にする言葉となった。GIGA とは，Global and Innovation Gateway for All の略称で，「全ての子ども達に，世界とつながる革新的に入口」という意味である。因みに ICT は，Information and Communication Technology「情報通信技術」の略称である。

さて，この GIGA スクールの話に入る前に，導入の経緯を確認しておきたい。導入までには，さまざまな考え方，政治，社会のニーズ，企業論理などが渦巻いていた。そして，結果的に2021（令和3）年4月に導入されたこととなる。

1 GIGA スクールの導入の経緯

❶2019（令和元）年12月13日

令和元年度補正予算で，児童生徒向けの1人1台端末と，高速大容量の通信ネットワークを一体的に整備するための経費が盛り込まれた。文部科学省の補正予算書には次のようにある。

○ Society5.0時代を生きる子供たちにとって，教育における ICT を基盤とした先端技術等の効果的な活用が求められる一方で，現在の学校 ICT 環境の整備は遅れており，自治体間の格差も大きい。令和時代のスタンダードな学校像として，全国一律の ICT 環境整備が急務。

○このため，1人1台端末及び高速大容量の通信ネットワークを一体的に整備するとともに，並列してクラウド活用推進，ICT 機器の整備調達体制の構築，利活用優良事例の普及，利活用の PDCA サイクル徹底等を進めることで，多様な子供たちを誰一人取り残すことのない，公正に個別最適化された学びを全国の学校現場で持続的に実現させる。

また，これに関しての文部科学大臣のメッセージ（12月19日）は以下の通りである。

Society5.0時代に生きる子供たちにとって，PC 端末は鉛筆やノートと並ぶマストアイテムです。今や，仕事でも家庭でも，社会のあらゆる場所で ICT の活用が日常のものとなっています。社会を生き抜く力を育み，子供たちの可能性を広げる場所である学校が，時代に取り残され，世界からも遅れたままではいられません。

1人1台端末環境は，もはや令和の時代における学校の「スタンダード」であり，特別なことではありません。これまでの我が国の150年に及ぶ教育実践の蓄積の上に，最先端の ICT 教育を取り入れ，これまでの実践と ICT とのベストミックスを図っていくことにより，これからの学校教育は劇的に変わります。

この新たな教育の技術革新は，多様な子供たちを誰一人取り残すことのない公正に個別最適化された学びや創造性を育む学びにも寄与するものであり，特別な支援が必要な子供たち

の可能性も大きく広げるものです。（以下略）

　ここにある Society5.0時代とは，狩猟時代（Society1.0），農耕社会（Society2.0），工業社会（Society3.0），情報社会（Society4.0）に次ぐ新たな未来社会のことで，サイバー空間（仮想空間）とフィジカル空間（現実空間）とを高度に融合させたシステムで，経済発展と社会的課題を解決する人間中心の社会を意味している。これは，内閣府の第5期科学技術基本計画で提唱されたものである。

　この段階では，2023（令和5）年度までには，5年計画で義務教育段階にある小学校1年生から中学校3年生の児童生徒向け学習用端末を1人1台（1人あたり最大4万5千円の補助）導入し，端末を同時接続しても不具合の起きない最速大容量の通信ネットワークを一体的に整備し（整備費用の1／2を補助），資金面も補助することとしていた。

❷2020（令和2）年2月28日

　新型コロナウイルス感染症が広がりを見せる中，突如，安倍総理大臣は全国全ての小中学校や高等学校などに，3月2日から春休みに入るまで臨時休校とするように各都道府県の教育委員会などを通じて要請した。これが，学校現場の混乱を引き起こす。さまざまなマスコミの情報にもあるように，3日前の25日に文部科学省から「休校の判断は自治体に委ねる」との通知を出したばかりだった。首相官邸での文部科学大臣と文部科学事務次官，そして安倍総理との話し合いは後世に残るものとなっている。

❸2020（令和2）年3月

　上記の学校一斉休校にともない，経済産業省の「学びを止めない未来の教室」プロジェクトが，GIGA スクール構想について，2020年度内実現へと拍車をかける形となる。

❹2020（令和2）年4月7日

　新型コロナウイルス感染症拡大の影響により，休業が長期化し教育課程の実施に支障が生じる事態に備え，対応可能な遠隔教育など Society5.0の実現を加速することが急務となった。そこで，「新型コロナウイルス感染症緊急経済対策」が閣議決定され，「令和5年度までの児童生徒1人1台端末の整備スケジュールの加速，学校現場への ICT 技術者の配置の支援，在宅・オンライン学習に必要な通信環境の整備を図るとともに，在宅での PC 等を用いた問題演習による学習・評価が可能なプラットフォームの実現を目指す」ことになる。

　これを踏まえて，令和2年度補正予算案に1人1台端末の早期実現や，家庭でもつながる通信環境の整備等，GIGA スクール構想におけるハード・ソフト・人材を一体とした整備を加速することになる。

　そして，緊急時においても，ICT の活用により全ての子ども達の学びを保障できる環境を早急に実現することを目的として，総額2,292億円を計上することとなり，GIGA スクールの整備が前倒しで，2021（令和3）年3月末までに実現する運びとなった。

2 GIGA スクールで求められること

GIGA スクール構想が実現されることにより，整備の段階では以下のことが求められた。

●目的

「1人1台端末」の早期実現や，家庭でも繋がる通信環境の整備など，「GIGA スクール構想」におけるハード・ソフト・人材を一体とした整備を加速することで，災害や感染症の発生等による学校の臨時休業等の緊急時においても，ICT の活用により全ての子供たちの学びを保障できる環境を早急に実現

●支援及び整備

　○児童生徒の端末整備支援

　　・「1人1台端末」の早期実現

　　・障害のある児童生徒のための入出力支援装置整備

　○学校ネットワーク環境の全校整備

　○ GIGA スクールサポーターの配置

　○緊急時における家庭でのオンライン学習環境の整備

　　・家庭学習のための通信機器整備支援

　　・学校からの遠隔学習機能の強化

　　・「学びの保障」オンライン学習システムの導入

これらによって，学校や教師，子ども達に求められることが徐々に変わりつつある。

❶ Society5.0時代の到来による求められる子供の能力

　・飛躍的な知の発見・創造など新たな社会を牽引する能力

　・読解力，計算力や数学的思考力などの基礎的な学力

❷解決すべき子供たちの多様化への対応

　・他の子供たちとの学習が困難な子供たちへの対応

　・ASD，LD などの発達障害を持つ子供たちへの対応

　・日本語指導が必要な子供たちへの対応

　・特異な才能を持つ子供たちへの対応　　　など

❸学校・教師の役割

　・各教科の本質的理解を通じた基盤となる資質・能力の育成

　・協働学習・学び合いによる課題解決・価値創造

　・日本人としての社会性・文化的価値観の醸成

これらのさまざまな課題を，ICT を活用して解決していこうとするのが GIGA スクール構想である。そして，ICT を効果的に活用するで，次のことが可能とされる。

●多様な子供たちを「誰一人取り残すことのない，公正に個別最適化された学び」の実現

ICT を基盤とした先端技術や教育ビッグデータの効果的な活用に大きな可能性
（ICT を基盤とした先端技術・教育ビッグデータは教師本来の活動を置き換えるものではなく，「子供の力を最大限引き出す」ために支援・強化していくもの）

3 GIGA スクール導入期の現状と悲哀

多くの市区町村では，2021（令和 3）年 3 月末までに 1 人 1 台の端末が導入された。その数は全自治体の97.6％に及ぶ。しかし，端末が導入されただけという状態も続き，まだまだ混乱しているところもある。これは，さまざまな機器が学校に導入されるときに起こる状況に似ている。かつては，LL システムが導入されたときやコンピュータが導入されたとき，LAN システムが構築されたときなど，中々運用が進まなかったことと同じである。今回も，以下のようなことが起こっているが，これも，時期に解消されることであろう。これからは，いかに改善，整備を図っていくかである。教師側も，子ども達の ICT 環境や授業環境を整えていくことに注視していく必要がある。

❶A市の場合

導入を急ぎ，しかも，さまざまなしがらみの中で，1 人45,000円までとされる端末の経費から，嘘のような本当の話が起きている。

・予算に AC アダプターの費用を盛り込まず，導入されたのは端末本体のみ。学校では充電ステーションでの一斉充電は可能であるが，子ども達が自宅に端末を持ち帰っても充電する方法がなく，持ち帰ったとしてもすぐに電源切れを起こし，使用不能状態になる。

・子どもが自宅に端末を持ち帰ったとしても，もし破損等が起こると家庭の弁償とされ，保護者に「持ち帰るのは結構です」「要りません。学校でやってください」と持ち帰りを拒否され，全て学校で保管している。

・サーバーを使用しているために，容量が足りず，午前は 2 クラス，午後は別の 2 クラスと決められ，端末を自由に使用することができない。

・インターネットなどの外部とのネットワークが寸断されており，端末を使用することの限界がある。

・セキュリティが厳し過ぎてアプリケーションを新たに入れられず，カメラなどのわずかなツールを使用するのみである。

・教師がインターネットで検索しようとしても，多くがファイアーウォールにかかり，ほとんど調べられない。

❷B市の場合

　従来から首長が教育に予算を投じることを嫌い，常に県内でも他市町村に教育面で後れを取っている。例えば，出退勤を記録するデジタル機器が各学校に配布されてはいるが，システムの費用が高額との理由でオンライン化されておらず，教師が出勤簿に押印する際に，時間を確認するためだけのデジタル時計となっている。今回の端末導入においても，2020年度末までの配置はできずに年度を超えてしまった。周辺環境の整備もままならず，この市でも，子ども達に箱が手渡された状態になっている。学校や教師も長年の政策の現状と失望感から，かなり後ろ向きである。

❸C市の場合

　他市町村に比べて準備が早くなされ，環境も整備されて運用が開始された。実際，2020年度の新型コロナウイルス感染症拡大時には，市を挙げてICT活用に取り組んでいたが，一旦，感染が収まり始めると元の木阿弥。教師はまた，黒板とチョークの世界に戻ってしまう。これを危惧した教育長は，常にICTを授業の一部として活用することを提唱し，家庭学習や長期休業期にも活用が行われている。

❹D市の場合

　端末を導入したことに満足し，それ以上のことが行われていない。研修もコロナ禍を理由に行われておらず，教師は端末が学校に導入されたことも気付いていない。管理職もほぼ同様である。首長をはじめ，教育委員会にもGIGAスクールを進める機運などなく，どこ吹く風である。一部の積極的な教師がICTを活用するのみで，すでに端末も埃をかぶっている状況にある。

4　GIGAスクールの今後

　上記の4市の状況は氷山の一角ではあるが，実際，市区町村間の格差はさらに大きく広がっていることは確かである。財政的にゆとりがあり，首長の意識が高いところは，アプリケーションや環境整備に経費をかけるが，B市のように首長にその気がないところは，例え財政的にゆとりがあろうとも，国の経費での端末を配っておしまいである。一方，財政的に苦しくても，首長が教育の重要性を理解し，費用を工面しながらも整備を進めているところもある。要は，財政的基盤も重要ではあるが，首長の考え方ひとつである。

　そして，今後最も大きな課題は，端末更新時の問題である。文部科学省はGIGAスクール構想での国費による1人1台の端末配布は，2020（令和2）年度の一回限りとしている。つまり，数年先の端末更新時には，各家庭で購入することになる。これは，構想に水を差すものである。ここは，学校，教育委員会，首長が声を高くして国に要求すべきことである。

4 GIGA スクールで何ができるか

2021（令和3）年3月末までに，一応，1人1台の端末の環境が整った（一部の地域で，年度を超えての導入）。これで，国のめざすGIGAスクール構想がスタートしたことになる。国としては，以下のことを可能としている（下線部筆者：特に注視する点）。

○1人1台端末と，高速大容量の通信ネットワークを一体的に整備することで，<u>特別な支援を必要とする子供を含め，多様な子供たちを誰一人取り残すことなく，公正に個別最適化</u>され，資質・能力が一層確実に育成できる教育ICT環境を実現する

○これまでの我が国の教育実践と最先端のICTのベストミックスを図ることにより，<u>教師・児童生徒の力を最大限に引き出す</u>

2つ目の○を図式化すると以下の通りになるという。

ここでは，ICTを活用することによって，これまでの教師個々の教育実践が，一層充実したものになることが示されている。それは，数式で＋ではなく，×が使われていることからも分かる。さらに，1人1台の端末配置によって，以下の環境になるとしている。

	「1人1台端末」の環境
一斉学習	・教師は授業中でも一人一人の反応を把握できる →子供たち一人一人の反応を踏まえた，双方向型の一斉授業が可能に
個別学習	・各人が同時に別々の内容を学習 ・個々人の学習履歴を記録 →一人一人の教育的ニーズや，学習状況に応じた個別学習が可能
協働学習	・一人一人の考えをお互いにリアルタイムで共有 ・子供同士で双方向の意見交換が可能に →各自の考えを即時に共有し，多様な意見にも即時に触れられる

以上のことが可能としているが，言うは易く行うは難しである。

運用するにはさまざまな環境を整える必要がある。行政は，時期に，遅々として進まない状況を，自らの非を認める代わりに，「学校が非協力的，教師のスキルが低い」などと責任を転嫁する。確かに，教師は新しいことに対しては即座に対応できない点もあるが，他の集団よりは確実にスキルを向上させて，結果を出すことには長けている。これからが勝負である。

Chapter2

小学校外国語活動・
外国語授業の
ICT＆１人１台端末
の環境づくり

1 ICT を活用するにあたって（環境）

❶端末

GIGA スクール構想等で子ども一人一人に配布されているコンピュータは，回線やネットワークの末端に位置するために端末と呼ばれている。MM 総研による調査から（令和 3 年 3 月），端末のメーカーシェア（小中学校）は，Apple がトップで約28％，Lenovo が約20％，NEC が約14％，HP（Hewlett-Packard）が約 7 ％，Dynabook が約 6 ％と続く。これらの端末にはそれぞれ特徴があり，子ども達が使用するには，日ごろから使用に慣れさせておくことが必要になる。

❷ OS

OS は Operating System の略で，端末のコンピュータシステムを起動させたり，さまざまなアプリケーション（アプリ）やハードディスク，周辺機器などを動かしたりする基本的なシステムソフトウェアのことである。OS のないコンピュータは動かすことはできない。これについては，文部科学省の調査から（令和 3 年 7 月），各学校に導入されている OS は 3 つである。そのシェアは，Google Chrome OS が40.1％，Microsoft Windows が30.4％，そして Apple iPadOS が29.0％である。傾向として，都市部では Google Chrome OS が多く，地方では，今までの使用実績から Microsoft Windows が採択され，特に小学校や私立学校，特別支援学校などでは，キーボードのない Apple iPadOS が採択されている。

以上のものが，子ども達に無償で配布されている。

❸ Wi-Fi

端末をネットワークに接続させるためには，無線で LAN（Local Area Network）に接続される Wi-Fi を利用しなければならない。学校に Wi-Fi が張り巡らされていれば特に問題はないが（一部設置途中の学校もある），子どもが端末を自宅で活用するためには，自宅に Wi-Fi の環境がなければならない。その環境が自宅にない子ども達には，Wi-Fi ルーターを貸与する必要がある。Wi-Fi 環境は家庭によりさまざまなので，遠隔で授業をする際や家庭学習を支援する際には，必ず子どもそれぞれの Wi-Fi 環境を調べ，安定した通信を心がけることが大切である。

❹電子ペン

電子ペンはデジタルペンとも呼ばれ，端末のコンピュータなどに手書きの文字やイラストを描くことができるアイテムであり，それぞれの OS に合ったものを選ぶ必要がある。電子ペンは数百円から購入でき，それほど高価なものではないので，学校や個人でも購入可能である。ただし，端末には電子ペンではなく指で書くこともできるので，指導の在り方に合わせて，購入を判断する必要がある。

❺学校環境の留意点

　学校では，既に Wi-Fi 環境が整っているところが多い。しかし，教室などの場所によっては，Wi-Fi による回線へのつながりに差のある場合があり，事前に確認しておく必要がある。特に教室以外の特別教室や廊下，体育館などでの使用も想定し，校内全般に渡って確認しておくことが必要になる（Chapter3では，教室以外の場所でも端末を使うことを想定した使用例が示されている）。

　また，クラウド活用が基本ではあるが，市町村によっては未だにサーバー（ネットワーク上のデータ保管庫）で管理しているところもある。そして，ファイアーウォールなどのように，外部のネットワークに接続できないように設定している場合も数多く見受けられる。調べ学習など，インターネットなど外部の回線に接続して情報を収集させる場合には，それが可能なサービスなのかどうかを事前に調べておくことも必要になる。

　一方，子ども達の端末を一斉に充電するために，ノート PC 充電収納保管庫（充電ステーション）は絶対に必要である。しかも，これは常に子ども達の人数に合わせて完備する必要がある。例えば，1クラス分の保管庫しか購入しておらず，1クラス分充電できたら，次のクラスの充電を行うなど，順番に充電していくなど愚の骨頂である。これほどコストパフォーマンスの悪いことはない。是非とも，クラス分の保管庫（1保管庫につき1クラスの児童数分が収納できるもの）を準備しておくことが必要である。

❻教室環境の留意点

　さまざまな学校を見ると，子ども達の端末が教室の後方の棚の上に無造作に重ねられているのを目にすることがある。暑い教室に，しかも何台も本を重ねるように積み重ねられている。これでは，端末の寿命も短くなるのは当然である。ここは是非とも，先ほどのノート PC 充電収納保管庫をクラスごとに設置し，常にその中に収納しておき，使用時に取り出せるようにしておくことである。ご存じのように，端末は故意による破損は自己負担としている市町村が多い。そのように無造作に積み重ねられている端末はすぐに破損し，購入が求められることにもつながる。大事に取り扱いたいものである。

　また，電子ペンなどのアクセサリーは，子どもはすぐに失くすものである。これらは，教師が使用後に回収するなどして，無駄な出費につながらないように気を付けるべきである。

❼家庭環境の留意点

　家庭に端末を持ち帰り，オンラインや家庭学習で使用させる場合にも，いくつかの注意すべき点がある。先にも記したように，家庭において故意に破損した場合には，自己負担となる場合が多い。飲食をしながらの使用はしないことや，兄弟姉妹の手の届きそうな所に放置させないことなど，子どもにも保護者にも，注意を喚起しておくことである。弁償費用に関しての学校と家庭間でのゴタゴタは是非避けたいものである。先に書いたある市の保護者が，弁償になることを嫌って，端末を持ち帰らせることを拒絶したという話も至極理解できる。

2 ICT を授業に活用する考え方

ICT 機器の進化にともない，教育現場は変化を遂げている。デジタル教材の活用や GIGA スクール構想による子ども一人一人への端末の配布などから，小学校の授業の在り方も大きく変わろうとしている。授業は，昔から教師と子どもが対面で行うことが当たり前であり，誰しもがこれに疑問を投げかけることはなかった。しかし，電子黒板の普及や端末の導入，そして，新型コロナウイルス感染症の蔓延により，対面授業が困難な状況に追い込まれ，デジタルを活用した遠隔授業が推奨される事態となった。

しかし，デジタルの ICT を全面的に授業に活用することが全てよいというわけでもない。そこで，アナログとしての対面授業の利点が，そのまま端末に取って代えることができるか，反対に，端末を利用した授業の利点が，アナログに取って代えることができるかを考えてみる。

❶アナログ的な対面授業の利点と，それを端末で利用した場合(授業内及び遠隔授業で)

①子どもの健康状況や精神面の課題を直接観察しながら判断することができる。
- 授業内の端末利用：必要なし（顔の表情や雰囲気は対面でしか分からない）。
- 遠隔での端末利用：完全ではないが，顔の表情だけでも状況は分かる。

②問題や課題を持った子どもに直接声をかけることができる。
- 授業内の端末利用：必要なし（直接声をかけることができる）。
- 遠隔での端末利用：画面を通してできる。

③家庭学習や授業等の忘れ物について確認することができる。
- 授業内の端末利用：必要なし（直接確認できる）。
- 遠隔での端末利用：画面を通して提出の確認ができる。

④配付物などを直接子どもに手渡すことができる。
- 授業内の端末利用：データで一斉に送信できる。
- 遠隔での端末利用：画面上や一斉送信でできる。

⑤机間指導で，子ども一人一人の理解度や進度を確認することができる。
- 授業内の端末利用：端末で課題を行う場合には可能（紙による課題では不可能）。
- 遠隔での端末利用：端末上での課題は可能。

⑥問題練習などの間違いを，教師が直接添削することができる。
- 授業内の端末利用：端末で課題を行う場合には可能（紙による課題では不可能）。
- 遠隔での端末利用：端末上での課題は可能。

⑦子どもの挙手によって子どもを指名し，回答させることができる。
- 授業内の端末利用：必要なし（直接指名できる）。
- 遠隔での端末利用：端末上で挙手をさせ，回答させることは可能。

⑧子どもを指名し，黒板に板書させることができる。

    ・授業内の端末利用：端末に記入させることで可能。

    ・遠隔での端末利用：端末に記入させることで可能。

⑨子ども同士で話し合いや交流ができる。

    ・授業内の端末利用：一部可能（「共同作業」のツールを使用）。

    ・遠隔での端末利用：端末でペアやグループを作ることで可能。

⑩直接子どもが教師に質問することができる。

    ・授業内の端末利用：必要なし（直接質問できる）。

    ・遠隔での端末利用：端末を通して可能。

⑪教材・教具を直接配付し，活用させることができる。

    ・授業内の端末利用：一部，データで一斉に送信できる。

    ・遠隔での端末利用：事前に学校で配付しておくか，送信することで可能。

⑫子ども同士で，進度を確認することができる。

    ・授業内の端末利用：必要なし（直接確認できる）。

    ・遠隔での端末利用：端末を通して可能。

などである。

次に，対面授業にデジタルを利用した場合の利点と，それをアナログの授業に変更可能かどうか考えてみる。

❷デジタルを利用した場合の利点と，それをアナログの授業に変更可能かどうか

（　　）内には，アナログの対面授業に変更可能かどうかを記す。

①ペーパーレスで，紙代の削減や環境のためになる。（不可能）

②ICT の活用能力を向上させることができる。（不可能）

③タイピングの練習をさせることができる。（不可能）

④教材作成の時間が短縮でき，教材が劣化せず，同時に複数教室で使用できる。（一部可能）

⑤さまざまな資料を提示することができる。（一部可能）

⑥分からないことは，すぐに調べさせることができる。（不可能）

⑦個別に画像や映像を見せることができる。（不可能）

⑧一斉に問題や課題を提示することができる。（一部可能）

⑨瞬時に子どもの回答を確認することができる。（不可能）

⑩座席を移動せずに，さまざまな友達とペアやグループを組ませることができる。（不可能）

などである。

これらから，明らかにアナログの授業の利点を，単純に端末を用いた指導に変更することは難しく，これと同様に，デジタルの利点をアナログに変更することも難しい。つまり，授業ではアナログとデジタルの住み分けを必ず行うことが絶対に必要になる。

次に家庭学習（宿題）などのアナログの学習の利点，家庭学習（宿題）にデジタルの端末を使用する利点，端末を利用した遠隔授業の利点（ライブ及びオンデマンド）について整理し，ICTを効果的に使用するための基本的な考え方をまとめてみる。

❸ノートやペンなどを使用するアナログの家庭学習（宿題）の利点

　①家庭学習の習慣を身に付けさせることができる。

　②自学自習の方法を身に付けさせることができる。

　③考える場面などが増え，思考力の向上につなげることができる。

❹家庭学習（宿題）にデジタルの端末を使用する利点

　①瞬時に課題を受け取らせることができる。

　②瞬時に課題を提出させることができる。

　③音声や画像，映像を送ることができる。

　④音声や画像，映像を送らせることができる。

　⑤分からないことは，調べさせることができる。

　⑥チャットやコメントで，双方向の連絡ができる。

　⑦進捗状況や提出状況を簡単に確認することができる。

❺端末を使用した遠隔授業（ライブ）の利点

　①通学に時間を要しない。

　②感染症に感染するリスクを減らすことができる。

　③対面授業に近い形で，授業を受けさせることができる。

　④録画をしておけば，何度でも授業を確認させることができる。

　⑤さまざまな子どもと交流させることができる。

　⑥画面上で，対面授業以上に子どもの学びを確認できる。

❻端末を使用した遠隔授業（オンデマンド）の利点

　①通学に時間を要しない。

　②感染症に感染するリスクを減らすことができる。

　③自分のペースで勉強することができる。

　④何度も繰り返し視聴することができる。

などである。

　以上のことから，学校以外の場所でも，端末を利用して授業や家庭学習（宿題）はできる。しかし，アナログでするのか，デジタルでするのかの大きな分かれ目は，効果と効率を勘案しながら判断しなければならない。安心・安全を考え，無理・無駄のない授業をめざすことが求められる。また，教師にとって授業準備にかける時間などのコストパフォーマンスや，子どもにとっての取り組みやすさや興味付けも同時に考えなければならない重要なポイントであることを忘れてはならない。

3 外国語活動・外国語の効果的な ICT 活用の考え方（基礎編）

　外国語活動や外国語の授業において，ICT を利用する場合には注意すべき点がある。特に，対面授業では，先にも記したように，授業の中で，アナログの方が効果的か，デジタルの方が効果的かをまず判断することである。特に言語教育においては，人とのコミュニケーション活動や言語活動では，機械を通してよりもアナログで人と人とが対面しながら行うことの方が効果的なのは間違いない。しかし，効率を考えると，機械を通したデジタルでの活動も捨てたものではない。そのバランス，按配が重要なのである。そこで，具体的に5つの領域（「聞くこと」「読むこと」「話すこと［やり取り］」「話すこと［発表］」「書くこと」）別に，主だった使用方法を考えてみる。

❶「聞くこと」における ICT 活用法

・リスニングを全体で聞くのか，個別に聞くのかによって方法が異なる。全体学習の場合には，教師や ALT が話したり，音声データを流したりするので，子どもの端末を使用することはないが，個別学習として，リスニング問題に取り組ませる場合には，端末を使用しながら，理解度に応じて何度も聞き直すなどの学習をさせることができる。

❷「読むこと」における ICT 活用法

・英語（語彙，表現）の音読練習をさせる際には，個別学習として，モデルとなる音声（QR コード利用など）を繰り返し練習させるなど，端末での練習が効果的である。

・子どもが発表のために作成した英文の音読練習をするために，教師や ALT にモデルとなる音読をデータで作成してもらい，繰り返し練習させることができる。

❸「話すこと［やり取り］」における ICT 活用法

・隣の座席の子どもとのペア活動や，座席近くの子ども達とのグループ活動ばかりではなく，端末を使用して，ランダムにさまざまな子ども達とのコミュニケーション活動や言語活動を組むことができる。

❹「話すこと［発表］」における ICT 活用法

・Show and Tell やプレゼンテーションの発表のために，端末で効果的な写真やイラストを作成して，それを提示しながら発表させることができる。

・発表の練習を，端末を通して友達と行わせることができる。

・発表を聞いている子ども達に，発表者の評価を端末でさせることができる。

❺「書くこと」における ICT 活用法

・アルファベットの文字や単語，文などを書く課題について，端末で個別に記入させ，教師が添削して，フィードバックすることができる。

・発表やスキットの原稿を端末で作成し，教師や ALT に添削してもらうことができる。

4 外国語活動・外国語の効果的な ICT 活用の考え方（発展編）

　各 OS に搭載されている機能を使用して，より発展的な活動を組んだり，それ以外のさまざまなサービスやソフトウェアを利用したりしながら，さらに発展的な学習をすることもできる。領域別に指導可能な取り組みを考えてみる。

❶「聞くこと」における ICT 活用法

・外部の動画配信サイトで，英語による子ども向けの動画を視聴させ，どのようなことが話されていたか，どのような内容だったかなどを確認する。

・Web 会議システムを用いて，外部の人に英語で話をしてもらう。事前に話し手とは，話す内容について打ち合わせをしておく。

❷「読むこと」における ICT 活用法

・メールなどを使って，海外の子ども達とメッセージの交換をさせる。送られてきたメールの英文を読ませる。

・インターネットなどを使用し，簡単な英文を読ませる。

・教科書やテキストにある QR コードを用いて音読練習をさせ，自身の音声のデータを保存させて，それを教師が評価する。

❸「話すこと［やり取り］」における ICT 活用法

・Web 会議システムを用いて，国内の他の小学校や中学校，海外の小学校などと英語を使って交流を行わせる。

・単元の終了時などに，ALT などと Web 会議システムを用いて，インタビューテストを行わせる。（対面でのインタビューテストが困難な場合）

❹「話すこと［発表］」における ICT 活用法

・Web 会議システムを用いて，英語によるスピーチ大会などを企画し，近隣の小学校や海外の子ども達と行わせる。

・Web 会議システムを用いた公的な英語スピーチ大会などに，参加させる。

・ビデオレターを録画して，海外の小学校と交流する。

❺「書くこと」における ICT 活用法

・メールなどを使って，海外の子ども達とメッセージの交換をさせる。事前にモデルや表現を学習したのちに，作成させる（教師が一部添削）。

・テーマに沿った英文を書かせ，それをクラス内の子ども達とシェアさせ，評価させる。

❻その他として

・振り返りシートをデジタル化して，授業の終了時にアンケートとして回答させ，子どもの理解度を確認したり，支援の必要性を認識したりして，指導の改善を図る。

5 OS別利用可能サービス比較表

　3つのOS（Google Chrome OS，Microsoft Windows，Apple iPadOS）には，それぞれ学校で利用できる教育支援ソリューション（課題解決サービス）が用意されている。表の3つのOSの左からそれぞれ，Google for Education，Microsoft 365 for Education，Schoolworkである。これらを有効に活用することで，授業を効率的に実施でき，効果も期待できる。それぞれのOSごとに，できることをまとめてみた。

表　3つのOS別授業等で利用できるサービス名

できること　　　　　　OS	Google Chrome OS (Google for Education)	Microsoft Windows (Microsoft 365 for Education)	Apple iPadOS
文書の作成や共有	Google ドキュメント	Word（Web版）	Pages
プレゼンテーション等の協働編集	Google スライド	PowerPoint （Web版）	Keynote
データ収集やグラフ化	Google スプレッドシート	Excel（Web版）	Numbers
ビデオ通話など，校外との交流	Google Meet	Microsoft Teams Skype for business	FaceTime
授業の課題やアンケートの作成	Google フォーム	Microsoft Forms	Schoolwork
授業や家庭学習における自由な交流	Google Classroom	Microsoft Teams	Schoolwork
大容量のデータの保存や共有	Google ドライブ	Microsoft Stream	iCloud Drive
デジタル黒板としての活用	Jamboard	Microsoft Whiteboard	－
Webページ作成	Google サイト	Sway	－
メーリングリスト作成	Google グループ	Outlook Teams	iCloud.com

6 役に立つツール，アプリケーションの数々

　端末の OS にあるサービス以外にも，授業で使えるさまざまなツール，アプリケーションが数多くある。これらは無償の場合もあれば，有償の場合もあり，確認して使用することが必要である。また，OS 特有のサービスであっても，他の OS でも使用可能な場合もあるので，効果が期待できるのであれば，OS を超えて活用することをしたい。

　ここでは，Chapter4で提示しているさまざまなツールを紹介するとともに，他に，効果的で，子ども達が興味・関心を持つツールについても紹介する。

【本書で取り扱う主なツール】

① Kahoot!

　オンラインで行うゲーム型教育用システムである。子ども達の興味・関心を引き出すことができ，学力向上に効果があるとされている。英語の授業では，語彙や表現についての2～4択のクイズを作成し，早押しクイズとして取り組ませることができる。

② Flipgrid

　教師が動画で課題を投稿し，それについて，子ども達が動画で回答する双方向型の学習ツールである。英語では，例えば，教師が動画で「私の宝物」と題して課題を提示し，子ども達が次々に課題に対する動画を投稿できる，遠隔授業に適したシステムである。

③ Mentimeter

　アンケートなどを行い，それに対する回答の結果をリアルタイムで確認できるツールである。英語の授業では，例えば，子ども達に "What subject do you like?" と尋ね，クラスの子ども達の回答をリアルタイムで確認できるシステムである。

④ Quizlet

　オンラインの語学学習ツールである。さまざまな学習モードがあり，英語であれば，音声を聞いてアルファベットの文字を入力させたりできるレベルから，クイズ的に単語や表現を4択で覚えさせたりできるレベルまで，子どもの英語に対する興味付けにも適している。

⑤ VN ビデオエディター

　動画の加工や編集を簡単に行える映像ツールのことである。操作が簡単で，センスのよい文字やイラストを挿入することもできる。英語の授業では，国内外の学校とのビデオレターを作成して交流するなど，イベント的な学習にも使用できる。

⑥ ロイロノート・スクール

　主に授業内で教師が課題を出し，それに子どもが回答したり，情報を共有したりするクラウド型授業支援アプリケーションのことである。英語の授業では，音読練習をさせたり，音声を聞いて単語を書き取らせたりするディクテーションなども可能である。

【本書で特に取り扱わないツール】

⑦ Zoom

Web 会議システムの１つで，Google Meet，Microsoft Teams，Apple FaceTime と同様のシステムである。ただし，セキュリティ問題には注意が必要である。子ども達には，端末にある OS の会議システムを利用させることで十分である。

⑧ Cisco Webex Meetings

これも Web 会議システムの１つである。無償でさまざまな高い機能が含まれており，少々複雑なので，子どもには不向きであるが，大きなメリットとして，会議参加者が Webex のアカウントを作らなくてもよく，教師の会議や研修に適している。

⑨ Edmodo

アメリカを中心とした世界最大の教育 SNS である。子ども達の意見や解答がリアルタイムで共用できたり，宿題などを配信，小テストは自己採点させることもできる。無料で使用することができる。

⑩ YouTube

動画共有サービスの１つである。利用可能なものに，ビデオクリップ，ミュージックビデオ，テレビ番組，映画予告，教育用ビデオなど多岐に渡る。安全性を考慮しながら，子どもに単元に関する動画等を視聴させることができる。

⑪ Vimeo

アメリカの動画配信サービスで，高いクオリティの動画共有サイトである。広告表示がなく，ダウンロードも可能なために，使用範囲が広がる。ただし，有料の教育コンテンツもあるため，必ず確認が必要である。

⑫ Viscuit / Scratch

どちらも子ども向けのプログラミングアプリケーションである。学習指導要領では，多くの科目において，プログラミングの指導も行われることが求められており，英語においても，簡単な語彙や表現に関する動画などの作品を作成させることができる。

以上のようにさまざまなツールがあるが，これらはほんの一部に過ぎない。日々さまざまなツールが開発されては消えていく運命にある。ここに挙げたものも，先はどうなるか分からない。まさに日進月歩と栄枯盛衰である。そこで，さまざまなツールを効果的に使用するために以下のことに注意して利用したい。

①有償か無償か（期間や数量なども確認すること）。
②権利を侵害していないかどうか（版権等を侵害していないかどうか）。
③安全かどうか（さまざまな情報が流出していないかどうか）。
④目先の楽しさを求めるのではなく，確実に英語運用能力向上に資するものかどうか。
などである。そして，常にコストパフォーマンスを意識しながら使用することである。

Chapter3

Google Chrome・
Microsoft Windows・
iPadでできる！
ICT＆１人１台端末
活用アイデア

1 アルファベットを見つけよう

- ・時　間：3／4時間
- ・準備物：端末，電子ペン，モニター
- ・ツール：Jamboard，Google Classroom

1 言語活動の概要

　アルファベットの大文字を学習する単元で，アルファベットの文字の発音を聞いて，イラストの中からその文字を探す活動とアルファベットを仲間分けする活動である。まず，1つ目の活動では，アルファベットの大文字の音に十分に慣れ親しんだ後，イラストの中にあるアルファベットを探し出させる。教師がアルファベットの文字を読み，子どもにイラストの中から見つけさせ，電子ペンで文字に丸を付けさせる。できるようになれば，子ども達でペアになり，発音する側と文字を探す側とを決め，同じように活動させる。

　次に，アルファベットの文字について，ペアで「直線のみの文字」「曲線のみの文字」「左右対称の文字」など，自由な発想で仲間分けさせ，最後に，仲間分けの理由を発表させる。

　活動準備として，アルファベットの文字の発音をしっかりと練習し，文字の音と形が認識できるようにする。また，「聞くこと」の領域では，子ども達にアルファベットの文字を繰り返し発音しながら活動するように指導する。

2 事前の準備

　テキストのアルファベットの文字に関するページのイラストをスクリーンショットで画像として取り込み，Jamboard の背景とする。そのデータを Google Classroom で課題「活動①」用として子どもに配付する。

　また，次の活動準備として，Jamboard にアルファベット26文字の付箋を用意する。そして，グループの数だけページのコピーをしておく。これを課題「活動②」用として配付する。

3 ICT 活用のポイント

- ・発音された文字を見つけ，電子ペンで丸を付ける。間違っても消すことができる。
- ・状況によっては，Google Classroom を用いて，子どもが見つけた文字をモニターに写し，見つけ

られなかった子どもの参考にする。

・文字に慣れ親しませるために，Jamboard の付箋として用意した26文字のアルファベットをグループで仲間分けする。

・子ども達が仲間分けしたものをモニターに写し出し，グループごとに発表する。

・時間が許せば，Jamboard で，アルファベット順に並べ替えることもできる。

4 活動の手順

1つ目の活動：3／4時間目（展開1）

▶黒板（モニター）に掲示したアルファベットの大文字の読み方（名称）を聞かせ，発音させる。文字と音声が一致するように練習させる。

▶ Google Classroom を開いて 授業 タブをタップし，課題「活動①」を開かせる。

▶教師が発音するアルファベットの文字を子どもに見つけさせ，見つけたら電子ペンで丸を付けさせる。

▶子どもが慣れてきたら，ペアになり，同じように活動させる。

▶時間があれば，Google Classroom を用いて，子どもが見つけた文字をモニターに写し出し，全ての文字を見つけられなかった子どもに確認させる。

2つ目の活動：3／4時間目（展開2）

▶ Google Classroom を開いて 授業 タブをタップし，課題「活動②」を開かせる。

▶アルファベットの仲間分けをグループで考えるよう指示し，自由な発想でグループ分けをさせる。

アルファベットの仲間分け

▶仲間になるアルファベットの文字を近くに移動させ，丸で囲ませる。

▶ Google Classroom を用いて，子ども達が考えた仲間分けの例をモニターに写し出し，数組のグループに発表させ，いろいろな考え方があることに気付かせる。

Tips!

　今まで子ども達は，テキストの文字を指で指したり，丸で囲んだりしていたが，Jamboard では，何度でも描いたり消したり，色をさまざまに変えながら書き込むことができる。画像を拡大表示できるため，小さな文字も見つけやすい。
　また，アルファベットの文字の線つなぎワークシートなども，Jamboard の背景として使用すれば，何度でも書き直しができる。

2 自分の好きな虹を作ろう

・時　間：1，2／4時間　　　　・準備物：端末，電子ペン，モニター
・ツール：Chrome 描画キャンバス，Google ドライブ，Google Classroom，
　　　　　InterCLASS® Cloud

1 言語活動の概要

　第1時では，色の英語に慣れ親しませ，Chrome 描画キャンバスで子ども達に自分の好きな色で虹を描かせる。第2時では，グループや全体で描いた虹に使った色を "I like …." の表現を使って発表させる。第3時では，スポーツや食べ物を表す語彙や，"Do you like …?" "Yes, I do. / No, I don't." の表現にインタビュー活動等を通して慣れ親しませる。第4時には，子ども達が自分の好きなものを紹介するスライドを作成し，全体に発表させる。

2 事前の準備

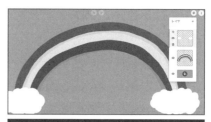
レイヤー機能を利用した虹の絵

　教師が授業前にテキストの色に関するページのデジタル教材から，背景の絵をダウンロードしておく。そのデータを Google の共有ドライブに入れておき，子ども達がそれを使って Chrome 描画キャンバスですぐに虹を描けるようにしておく。また，背景を設定せず，Chrome 描画キャンバスのレイヤー機能（複数枚のシートを重ねて1枚のイラストとして表示すること）を利用し，自由に子どもに虹を描かせてもよい。

3 ICT 活用のポイント

描いた虹の例

・今まではテキストに色鉛筆を使って虹を描いていたが，塗るのに時間がかかり，描いた虹を共有するにも時間がかかった。端末を利用することで選べる色の幅が広がり，より簡単に発表し合うことができる。
・線の太さや透明度の変え方，色の選択方法等を助言し，子ども達のイメージ通りの虹が完成できるようサポートする。
・グループ内では自分の端末を見せながら，使った色を英語で紹介し合うように指示する。
・虹のデータを Google Classroom で課題として提出する。全体で発表する際，発表者の虹を教師がモニターに映したり，InterCLASS® Cloud で画面共有をしたりするとよい。

4 活動の手順

発表の準備：1／4時間目（展開）

▶次時で描いた虹を紹介することを伝え，テキストを見せ，"I like …." "This is my rainbow." 等の表現に慣れ親しませる。また，世界の子どもが描いた虹を見せて，虹の色や数は自分の思い思いに描いてよいことを伝える。

▶Chrome 描画キャンバスを利用し，｜画像から新規作成｜をタップし，背景の画像を Google 共有ドライブから選択させる。

▶線の太さや透明度の変え方，色の選択方法をモニターで示しながら伝える。

▶虹の画像が完成したら｜画像として保存｜をタップし，端末のダウンロードフォルダに保存させる。

▶保存した虹の画像を Google Classroom から課題として提出させる。

発表：2／4時間目（展開）

▶色の英語や "I like …." の表現を復習させる。

▶紹介するときに虹を指し示しながら言ったり，聞く人が聞き取りやすい声の大きさと速さで言ったりすることを，教師のデモンストレーションから気付かせる。

▶Google Classroom の課題から前時で描いた虹の画像を開かせる。ペアやグループで互いに自分が描いた虹の紹介をさせる。その際，虹の画像を相手に見せながら発表するように指示する。

▶発表例：Hello! I'm Yui.
　　　　　I like red.　I like yellow.　I like blue.
　　　　　I like green.　I like pink.　I like light blue.
　　　　　I like purple.　This is my rainbow.
　　　　　Thank you.

虹を示しながら発表

▶代表で何人かに，自分の虹を発表させてもよい。

▶発表の様子は，記録として端末で録画しておく。

Tips!

> Chrome 描画キャンバスを使うことで，透明度を変えることができるため，本物の虹のように描くことができる。また，色をカスタムで好きに選べるため，より自分の思い通りの虹を描くことができ，活動への意欲につながる。

Google Chrome OS　Microsoft Windows　Apple iPadOS　さまざまなソフト・アプリ

3　クイズを作ろう

・時　間：3，4／4時間
・準備物：端末，モニター
・ツール：Google スライド，Google Classroom，カメラ

1　言語活動の概要

　子ども達の身の回りにあるものを撮影し，オリジナルクイズを作成する活動である。単元では，ものを尋ねる言い方 "What's this?" と答え方 "It's a ...." の表現に十分に慣れさせた上で，子ども達が各自で作成したオリジナルクイズを出題したり，答えたりする活動を行う。

2　事前の準備

　事前の準備として第3時にクイズの答えとなるものをカメラで撮影させる。撮影した画像をGoogle スライド上に取り込み，描画機能を用いて一部のみが見

クイズのスライド1枚目

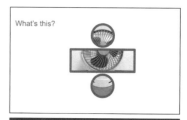

クイズのスライド2枚目

えるように加工したり，一部を拡大表示する機能などを使ったりして，クイズを作成させる。3ページ程度画像加工したページを準備させ，最終ページは答えとなる画像をそのまま表示させる。

3　ICT 活用のポイント

・カメラで教室にあるものや学校生活で普段目にしているものを撮影することで簡単にオリジナルのクイズを作成できる。
・子どもがクイズの答えとして考えているものの写真が撮れない場合は，Google 検索で画像を検索し，見つけてもよい。
・Google スライドで写真を加工したり，一部分を拡大したりすることができ，修正も簡単にできるので，仕上がりを見ながら難易度を考えるように指導する。
・クイズを出題するときは，相手に端末で Google スライドの画面を見せながら，発表する。その際，相手意識を持ちながら，情報モラルも向上できる。
・時間が許せば，さらにクイズを作成する。

4 活動の手順

発表の準備：3／4時間目（展開）

▶教師の作成したクイズをモデルとして見せる。

▶子どもは各自，クイズの答えとしたいものを考え，教室内や学校内にあれば，端末のカメラで撮影させる。もし，撮影できなければ，Google 検索で画像を検索し，Google ドライブに保存させる（ファイルに名前を付けさせる）。

▶Google スライドを起動させ，挿入⇒画像⇒ドライブを選択し，ファイルをタップさせる。

▶スライド⇒スライドのコピーを作成をタップ，ページをコピーさせる（同じ画像を4ページ準備させる）。

▶1ページ目の画像から，加工を始めさせる。ページが進むほど，答えが分かりやすくなるように加工させ，4ページ目は画像を加工しないようにする（答えのページ）。

▶加工の方法は，図形を画像の上に貼り付けて隠したり，画像を選択してトリミング（一部を切り取る）で一部のみを拡大したり，画像を切り抜くで画像を切り取ったりする。

発表（クイズ大会）：4／4時間目（展開）

▶Google スライドで完成したクイズを，相手に端末の画面を見せながら，発表させる。

A：What's this?

B：I don't know.（More）Hint, please.

A：OK. Next page. What's this?

B：I got it. It's a fan.

A：That's right.

ペアでクイズを出し合う様子

▶1ページ目で答えられない場合は，次のページを見せるなど，英語でやり取りしながら活動させる。

▶ペアの場合，クイズは出題する側と答える側を交互にさせる。グループの場合は，グループ内で1人ずつ出題させる。

▶時間を考えながら，ペアを変更したり，グループ替えをしたりしながら，活動させる。

Tips!

> カメラやインターネットの画像検索を使用することで，画用紙に絵を描かせたり，教師が写真を準備したりする必要がなく，短時間で簡単にクイズを作成させることができる。
> 今回は，画像を加工したが，違う画像を3つ用意し，それらの画像から思い付くものを答えさせる3ヒントクイズにも活用できる。

4　世界の町は今何時？

> ・時　間：1，2／4時間
> ・準備物：端末，モニター
> ・ツール：24timezones.com，Jamboard，Google Classroom

1　言語活動の概要

　時刻を尋ねる表現を学習する単元で，時刻を尋ね，答えるという活動である。単純な活動であるが，教室の中に時計があり，全員の子どもが現在の時刻を知っている状況では "What time is it?" の表現を使う必然性がなく，子どももコミュニケーションを図ろうとする意欲が湧かないことが多い。実際の世界の時刻を紹介することで，時差に関心を持たせるようにする。また，国際理解を十分に踏まえ，日本以外の国に電話をかけたりするときなどは相手の国の時刻を配慮するというマナーについて，子ども達自身が気付くように活動を進める。大きな国においては国内にも時差があることやサマータイムについても理解させることができる。まずは，時刻を尋ねられたときには答えられるように学習し，その後，その時刻に何をしているのかについて尋ねたり，答えたりできるようにする。

2　事前の準備

　授業の導入として，教師は時計のイラストとその時間帯に行っていることについてのイラストの画像を準備する。Jamboard の背景に針のない時計の画像を設定しておき，Google Classroom で子どもにコピーを作成し，全員に配付しておく（課題「時計」と名前を付けておく）。

　また，世界時計―世界の現在の時刻（24timezones.com）の URL を Google Classroom のストリームに投稿しておく。あるいは，ウェブサイトの QR コードを作成し，ワークシートに印刷し，配付しておく。

（https://24timezones.com/#/map）

時差についての導入

3　ICT 活用のポイント

・端末を使いながらペアで会話をすることで，即興でのやり取りができる。
・実際の世界の時刻を紹介することで，時差に関心を持つようにする。
・世界地図を見ながら，世界の都市名についても学習する。
・国別に時差を確認することができる。

4 活動の手順

英語で時刻を尋ね，答える活動：1／4時間目（展開）

▶モニターに提示したいくつかの時計のイラストを見せながら，時刻を尋ねる言い方 "What time is it?" と答え方 "It's ...." の表現に十分に慣れさせる。時計のイラストだけでなく，その時間帯に行っていることについてもイラストで表示しておくと，子どものヒントとなるだけでなく，今後の学習にもつながる。

▶時刻を伝えるための数字の言い方を十分に練習させる。

▶クラス全員で読む練習をした後，Google Classroom を開いて 授業 タブをタップし，課題「時計」を開かせる。

▶ Jamboard で，針のない時計が背景となったフレームが表示されるので，自分の好きな時間に針を書く（あるいは 図形 （⇨） で示す）。

Jamboard で時計を表示する

▶ペアになり，相手に時刻を聞く活動を行う。

世界の町の時刻を聞く活動：2／4時間目（展開）

▶ Google Classroom のストリームに投稿された世界時計―世界の現在の時刻（24timezones. com）の URL を開かせる。英語版になっていれば，日本語版に変更させる。

▶世界地図を見て，気付くことを発表させる（少し暗くなっているところがある，日本が中央にある地図ではない，同じ国でも時刻が違うなど）。

▶教師もモニターに世界地図を提示し，子どもからでた意見を補足し，国際理解を深める。

▶ "What time is it in（都市の名前）?" "It is ... in the morning (in the afternoon)." を練習した後，子ども達が慣れてくれば，ペアになり，同じように活動させる。

▶発展的に，子ども5人を選び，リレー中継のような活動も考えられる。

A：Hello. I am in Japan. Now, it is ten in the morning. What time is it in Hawaii?

B：Hello. I am in Hawaii. Now, it is three in the afternoon. What time is it in London?

C：Hello. I am in London. Now, it is two in the morning. What time is it in Paris?

⋮

Tips!

　世界の時刻を知るサイトは，NAGASE WORLD CLOCK（time.ne.jp）や World's Time（w-time.com）など他にもある。インターネットで外国の町のライブカメラ映像を見せれば，さらに子ども達の関心が高まり，理解が深まる。

5　お気に入りの場所クイズ大会をしよう

- ・時　間：1，2／4時間
- ・準備物：端末，モニター
- ・ツール：Google スライド，Google Classroom，カメラ

1　言語活動の概要

　校内のお気に入りの場所を撮影し，写真を利用した3ヒントクイズをさせる。第1時では，お気に入りの場所（校内）クイズを教師が出題し，学校の施設や教室の英語名に慣れ親しませる。第2時では，撮影してきた写真を用いてクイズを作成し，出題し合う。"What is this?" "Where am I?" "This is my favorite place." 等の表現に慣れ親しませ，使うよう指示する。第3時には "Go straight." 等の道案内の表現に慣れ親しませる。また，グループごとに校内の道案内をする課題を与え，道案内を考えさせる。第4時には考えた道案内を発表し，他グループの道案内を聞いて，正しい場所に辿り着けるかどうかを確かめさせる。

2　事前の準備

　事前にお気に入りの場所へ行き，写真を3枚以上撮影させ，Google スライドを使って3ヒントクイズを作成させる。総合的な学習の時間等を利用して，第2時の前にクイズを完成させておくとよい。

端末で写真撮影

3　ICT 活用のポイント

- ・カメラで写真撮影を行い，写真の加工・編集が子ども達でも簡単にできるようになる。そのために，写真を印刷して切り抜いたり，画用紙に貼ったりしなくてもよいので，クイズ作成の時間が大幅に短縮できる。
- ・自分達が普段過ごしている学校の様子をそのままクイズに活用できることは，子ども達の意欲向上につながる。
- ・Google スライドの画像を切り抜く機能を使うと，画像の一部分だけを切り抜き，拡大することができる。また，アニメーション化機能ではフェードイン・フェードアウトを使って，画像を一瞬だけ見せるといったヒントを出すこともできる。

4 活動の手順

準備：1／4時間目（導入）

▶教師がスライドを用いてお気に入りの場所（校内）クイズを行い，次時のイメージを持たせる。その際，トリミング機能やアニメーション化機能を用いてヒントを出していくとよい。

▶他に校内にどのようなところがあるか話し合わせ，日本語で発表させる。英語を知っていたら英語で発表してもよいと子ども達に伝える。（例：classroom, music room 等）

▶学習する学校施設・教室の英語名について発音を練習させる。その際自分達の学校の様子を思い浮かべながら英語に慣れ親しませるため，School principal's office 等の難しい単語にも積極的に取り組ませる。

▶次時までにヒント用の写真を撮影し，クイズを作成することを伝えておく。

発表：2／4時間目（展開）

▶完成したスライドを Google Classroom から課題として提出させる。最後のスライドはもとの写真を配置し，答えが確認できるようにさせておく。

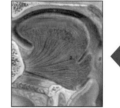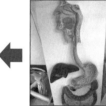

トリミング機能を使ったヒント

▶完成したスライドを使って，ペアやグループで練習させる。

▶机を向かい合わせにし，端末を相手に向けてクイズを出題し合わせる。終わったら片方の列の人が隣の席へ移動し，違うペアで再度クイズを出し合わせる。

▶自動再生を使うことで，手元で操作をせずに，相手の反応を見ながらクイズを出題させることもできる。

▶発表例：Hello! This is my favorite place.

Hint 1 ... Hint 2 ... Hint 3 ... What is this?

That's right.

This is the science room. I like science.

答えの画面

▶代表で何人かにクイズを発表させてもよい。

Tips!

　今回は Google スライド上で編集したが，写真編集はカメラの画像エディタ機能でも編集できる。また，より高度な写真編集が必要な場合は，Google フォトをインストールし，使用するとよい。

6 自己紹介をしよう

・時　間：3，4／4時間
・準備物：端末，モニター
・ツール：Google スライド，Google Classroom，InterCLASS® Cloud，カメラ

1 言語活動の概要

　第1時では，世界のいろいろな国の挨拶を聞き，慣れ親しませる。第2時では，3年生で勉強した "What … do you like?" "I like …." の表現を用いて友達と好きなものをインタビューし合う活動を行う。第3時では，子ども達が自分の好きなものを紹介するスライドを作成し，第4時で紹介スライドを使ってペアで発表し合うようにさせる。発表する際，"I like blue. Do you like blue?" のように，簡単なやり取りを交えるとより楽しい自己紹介活動となる。

2 事前の準備

　自己紹介スライドを作成させる。1ページ目はインカメラを用いて，自分の写真を挿入させ，2ページ目は好きな色，3ページ目は好きな食べ物，4ページ目は好きなスポーツをそれぞれ紹介するように指示する。子ども達に3，4ページ目は Google スライド内から Google 画像検索を行わせて，画像を挿入するようにさせる。

自己紹介スライドの作成

3 ICT 活用のポイント

・外国語活動では文字指導は行わないため，今までプロフィールカードを作成する際には，好きなもの等をイラストで表現していた。端末を利用することで絵を描く作業が減り，画像を使って簡単に紹介スライドを作ることが可能となる。その結果，英語を使って自己紹介をすることに集中して取り組めるようになる。スライドに英語で文字を打ちたい子どもには，テキストボックスの挿入の仕方を教える。

・自己紹介のときには，自分の端末を指し示しながら英語で紹介し合うように指示する。

・スライドのデータを Google Classroom で課題として提出する。全体で発表する際，発表者のスライドを教師がモニターに映したり，InterCLASS® Cloud を使って画面の共有をしたりするとよい。

4 活動の手順

発表の準備：3／4時間目（展開）

- ▶教師がスライドを用いて自己紹介を行い，次時の活動のイメージを持たせる。
- ▶自己紹介スライドを作成させる。1ページ目はインカメラを用いて自分の写真を撮るようにさせる。2ページ目は背景の色を変更させて，好きな色を紹介するようにさせる。3，4ページ目はGoogle画像検索を行い，好きな画像を挿入させる。データはGoogleドライブに自動で保存される。完成したらGoogle Classroomから課題として提出させる。
- ▶次時に向けてペアやグループで練習させる。その際，必ず "Do you like …?" の質問を交えたり，スライドを指し示したりと，相手に伝わるように意識した練習をさせるようにする。

発表：4／4時間目（展開）

- ▶自己紹介で使う表現を復習させる。紹介するときに画像を指し示しながら言ったり，聞く人が聞き取りやすい声の大きさと速さで言ったりするように意識させる。
- ▶Googleスライドから前時に作成したスライドを開かせる。ペアで互いに自己紹介をさせる。端末の画面を相手に向けて，スライドを見せながら，画像に合わせて発表するように指示する。

  A：Hello! My name is Emi.

  　　I like red. Do you like red?

  B：Yes, I do.

  A：I like spaghetti. Do you like spaghetti?

  B：Yes, I do.

  A：I like baseball. Do you like baseball?

  B：No, I don't. Sorry.

  A：That's OK. Thank you.

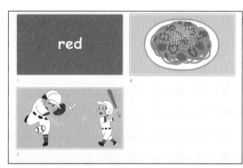

自己紹介の完成スライド

- ▶代表で何人かに，モニターを使って発表させてもよい。
- ▶発表の様子は，記録として端末で録画しておく。

Tips!

　Googleスライドでは，画像を挿入するとデータ探索という機能が自動でレイアウトを提案してくれる。そのために，初心者でも本格的なスライドを簡単に作成することができるので，活用させるとよい。

7 自分達の町を紹介しよう

・時　間：6，7／7時間
・準備物：端末，モニター
・ツール：Google スライド，Google Meet，カメラ，（Jamboard）

1 言語活動の概要

　本単元では，自分達の住んでいる町や都道府県について，外国の人に紹介する場を設定する。地域によっては，外国人と直接会って交流するのが難しい場合もあるため，Google Meet を使って，いろいろな国の人々とつながり，自分達のふるさとについて紹介する機会を設けたい。第5時までは自分達の町紹介で使う表現 "It's famous for …." や簡単な形容詞等に慣れ親しませる。

2 事前の準備

　単元最終で子ども達が町紹介をする相手を決めて，Google Meet でビデオ会議ができるように準備しておく。子ども達でいくつかの候補から話し合って決めさせるとよい。自分達の町に来た留学生や地域で働く外国人，外国の姉妹都市にある学校等が候補として挙げられるだろう。また，町紹介のスライドを子ども達に作成させ，グループごとに発表の練習をさせておく。

3 ICT 活用のポイント

・外国人との交流の機会には，これまでは大きな地域差があった。しかし，Google Meet を使うことで，世界のどこにいる人とも簡単につながれる環境が整ったことで，子ども達に多くの交流の場を設けることができるようになった。これにより，国際交流の可能性が大きく広がった。

・Google 画像検索を用いて，自分達の町紹介のスライドを簡単に作成することができる。

・自分達の町の紹介なので，子ども達が端末のカメラを使って，おすすめの観光地，食べ物の写真や動画を撮って，町紹介に活用してもよい。

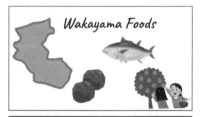

紹介スライドの例

・外国の人に正しく町の魅力が伝わるように，スライドを工夫したり，英語表現を自然に言えるようにグループ内でしっかりと練習したりする。

4 活動の手順

発表の準備：6／7時間目（展開）

▶ 有名な場所・食べ物・行事等，テーマをグループごとに設定し，紹介するものが重ならないように前もって決めておくとよい。
（テーマ例：史跡，祭り，自然，食べ物，観光地等）

▶ Google Meet を使って，外国の人に町紹介を行うことを伝え，画面共有の方法や教師のデモンストレーションを見せる。

▶ 町を紹介するスライドを Google スライドで作成させる。

▶ 相手にスライドを見せる際，画面共有をすると自分の顔が映らないため，スライドにアニメーションを付けたり，色を変えたりして工夫するように指示する。

▶ 完成したスライドを使って，ペアやグループで練習をさせる。そのとき，気を付けるポイントをアドバイスさせ合うようにする。
（Google スライドのアニメーション化機能をうまく使っている，画面越しの相手に聞こえるように声の大きさやスピードを意識している等）

▶ 完成したスライドを Google Classroom から課題として提出させる。

発表：7／7時間目（展開）

▶ 形容詞や "It's famous for …." の表現を復習させる。

▶ Google Meet でそれぞれの端末から会議に参加させる。町紹介の前に簡単なアイスブレイクを挟むとリラックスして活動に取り組める。

Google Meet の画面共有

▶ テーマごとで順番に町紹介をさせる。

▶ 発表例：Hello! I'm Emi. This is Arida City in Wakayama.
It's famous for *mikan* (mandarin orange). Do you know it?
It's sweet and sour. I love *mikan*. Please try it! Thank you.

▶ ホワイトボード機能（Jamboard）を使って，相手にコメントを書いてもらってもよい。

Tips!

> Google Meet を利用することで，離れている相手とも簡単に交流ができる。画面共有で資料の共有もできるので，プレゼンテーション能力向上の一助ともなる。また，自動再生を使うことで，相手の画面を見ながら発表することも可能である。

8　グリーティングカードを作ろう

・時　間：6／6時間　　　　　　　　　・準備物：端末，電子ペン，モニター
・ツール：Chrome 描画キャンバス，Google スライド，Google Classroom，Gmail，
（Jamboard）

1　言語活動の概要

　クリスマスカードや年賀状，感謝の気持ちを伝えるグリーティングカードを端末で作り，大切な人にメールで送る活動である。授業では，まず，どのようなカードを作成し，誰に送るのか，どのような内容にするのかを決める。そして，Chrome 描画キャンバスを使い，"Merry Christmas!" "Happy New Year" "Happy birthday!" など英語のメッセージを書き写したり，イラストを描かせたりする。送る相手を意識しながら，色を選び，カードの目的に合ったイラストを描くように指示する。Chrome 描画キャンバスで作成したメッセージやイラストを，画像として保存させ，Google スライドで呼び出させる。画像の拡大縮小を行いながら，レイアウトを行い，カードを作成するように指導する。

　最終的に，完成したグリーティングカードを送りたい相手にメールで送付させる。

2　事前の準備

　グリーティングカードを作成させる前に，見本となるカードを教師が紹介し，子ども達にイメージを持たせる（世界のクリスマスカードや日本の年賀状など各国の文化に触れながらさまざまなグリーティングカードを紹介する。また，さまざまな語彙や表現を提示する）。

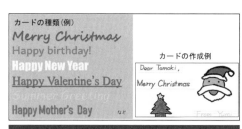

グリーティングカードの紹介

　次に，グリーティングカードを送る相手と伝えたい内容を決めさせる。季節の挨拶だけではなく，誕生日のお祝いや感謝の気持ちを伝えるものでもよいことを伝える。

3　ICT 活用のポイント

・Chrome 描画キャンバスで自由にイラストを描く。何度も消したり，描き直しが簡単にできるので，納得いくまで描いてもよい。
・カードに書く相手の名前，英語のメッセージについては，見本を書き写す。
・Google スライドでは，描いたイラストや書き写した英語のメッセージや名前の大きさを変

えながら，編集作業ができるため，グリーティングカードの仕上がりを確認しながら，作業できる。

・完成したグリーティングカードを印刷するか，Gmailに添付して相手に送る。

・相手意識を持ちながら，情報モラルも向上できる。

4 活動の手順

イラストとメッセージの作成：6／6時間目（展開1）

▶ Chrome描画キャンバスで，英語のメッセージを書き写させる。4線上に書かせたいときは，Jamboardの背景に4線の画像を使い，英語を書き写させる。

▶ Chrome描画キャンバスで，グリーティングカードのイラストを描かせる。カードを送る相手の好きな形や色を選んだり，発想を広げたりしながら完成させ，名前を付けて保存させる。

▶ 描く際には電子ペンが便利だが，ない場合には指で描かせる。

グリーティングカードの仕上げ：6／6時間目（展開2）

▶ Chrome描画キャンバス（あるいはJamboard）で作成したメッセージやイラストを，Googleスライドで，呼び出させる。

▶ Googleスライド上で，画像を拡大縮小しながら，カードのレイアウトを考え，完成させる。

▶ クラスの友達と作成途中の作品を見せ合ったりして，質の高いものをめざすように指導する。

作成したカード

▶ 一人一人が作成したグリーティングカードについて，工夫した点や考えについて，振り返りをさせ，他者意識を育てる。

▶ 完成したカードを保存し，Gmailを使い，相手に送付する。メールアドレスが分からない場合は，Google Classroomに提出させ，教師が印刷して渡せるようにする。

Tips!

　画用紙などに直接文字や絵を描かせるよりも，Chrome描画キャンバスは何度でも描いたり消したりでき，さらに仕上がりを見ながら画像の大きさや配置を調整できる。また，描くことに時間がかかりそうであれば，Google検索で画像を探し，その画像をコピーし，Googleスライドに貼り付けることで使用することもできる。

9 【家庭学習】動画を見よう　動画を撮ろう

- ・時　間：自宅学習
- ・準備物：端末，（QR コード）
- ・ツール：QR 作成アプリ（QR のススメ），Google Classroom

1 言語活動の概要

　自宅学習を行う場合，端末を使うことで「聞くこと」「話すこと［発表］」の領域も学習できる。自宅では，子どものペースに合わせて自分で動画を繰り返し見ることで，学習を深めることができる。また，ワークシートを配付しておくことで，動画を見る目的を焦点化できる。

　子どもに自分の発表する姿を動画撮影させる場合は，モデルとなる動画を事前に作成しておくと，子ども達はゴールをイメージでき，より効果的な活動となる。

2 事前の準備

　家庭学習（宿題）の課題を決定しておく。既に YouTube 等にアップロードされている動画クリップや，文部科学省「子供の学び応援サイト」に紹介されている動画，「NHK for school（NHK）」の番組を視聴させる場合は，その動画を視聴した後に，内容を確認するためのワーク

ALT 作成の動画

シートを作成しておき，Google Classroom で配付しておく。

　また，教師が見本となる動画を作成し，子どもに視聴させた後に，同じようなトピックで自分で録画させる。この場合，学校で事前に録画する練習をさせておく必要がある。

3 ICT 活用のポイント

- ・今まで自宅では「聞くこと」「話すこと［発表］」の学習が難しいと考えられていたが，端末を使うことで英語を聞く，あるいは動画を見ることができる。さらに，理解できるまで何度も繰り返すなど，自分に合った学び方をすることができる。
- ・ただ視聴するのではなく，目的を持って視聴する。
- ・教師の動画でゴールを示すことで，子ども達は撮り直しをするなど粘り強く取り組むようにする。

4 活動の手順

家庭学習の準備：授業での事前指導

【動画を見て，ワークシートをさせる場合】

▶授業で，宿題について伝える。Google Classroom 等から動画の URL と見るポイントや内容を確認するワークシートを課題として配付する（QR コードを付ける場合は，紙のワークシートを準備し，配付する）。宿題提出の期限や，提出方法について伝える。

Google Classroom での配付例

【子どもに発表を録画させる場合】

▶今まで学習した内容（自己紹介や Show and Tell の活動など）で，どのような発表ができるかを考えさせる。学校で "My friend" のタイトルで発表したのであれば，家庭学習では，"My pet" "My favorite food" などのトピックを選ぶようにする。

▶自分の身の回りで紹介できる人や事柄について，発表する様子を動画に撮る方法を伝える。動画の時間や発表する文章については，子どもの状況に合わせて設定する。ルーブリックを提示できれば，なお分かりやすい。

家庭学習：宿題

【動画を見て，ワークシートをさせる場合】

▶子どもは Google Classroom から課題を受け取り，指定された動画を視聴する。

▶視聴後，ワークシートに取り組み，提出させる。

【子どもに発表を録画させる場合】

▶モデルとなる動画を視聴し，発表のイメージを持たせる。

▶端末の動画撮影で，発表する様子を動画に撮らせる。何度でも撮り直しができるので，一番うまくできたと思うものを，Google Classroom に提出させる。

▶発表の様子は，記録として端末でも残しておく。

Tips!

　家庭で子どもが操作方法で困らないように，家庭学習で端末を使う場合には，事前に授業で同じような活動を取り入れておくことが大切である。また，Wi-Fi 環境が整っていなくても，写真と動画撮影は行えるので，端末に保存しておき，学校で提出させてもよい。

10　世界旅行に出かけよう

- 時　間：6，7／7時間
- 準備物：端末，モニター
- ツール：Google Earth，Google スライド，Google フォーム

1 言語活動の概要

　旅行会社での場面を設定し，ツアープランナーと客とのやり取りを行わせる。第6時までは，世界の観光地，有名な食べ物，文化等を紹介する表現に慣れ親しませる。また，グループで1つの旅行会社とし，プランナー達が最後に "Where do you want to go?" と尋ね，お気に入りのプランを客に選ばせるようにする。

プランナー①：Welcome to Meiji Travel.

　　　　　　　Let's go to Spain.　You can eat paella.

　　　　　　　You can enjoy the flamenco show.

　　　　　　　You can see Sagrada Familia.

プランナー②③④：…

プランナー全員：Where do you want to go?

　　　　客：I want to go to Spain.

プランナー①：Thank you.　Have a nice trip!

アンケート

2 事前の準備

　第6時に紹介する国を選ばせ，ツアープランを考えさせる。Google スライドと Google Earth のプロジェクトという機能を使ってプラン紹介の準備をさせる。また，グループで協力して Google フォームでアンケートを作成させておく。

3 ICT 活用のポイント

・Google 画像検索を用いて，簡単におすすめの国紹介のスライドを作成することができる。

・ツアープランを自由に作り，客に選んでもらえる工夫や配慮を考える。

・Google Earth のストリートビュー機能やプロジェクト機能を用いて，よりリアルに現地の様子を紹介することができる。

4 活動の手順

発表の準備：6／7時間目（展開）

▶座席の前後で4人程度のグループを組ませる。

▶事前に作っておいたスライドや Google Earth のプロジェクト機能を使い，グループでツアー紹介の練習をさせる。紹介の際，気を付けるポイントをアドバイスさせ合うようにする（笑顔で接してくれる，写真やマップを使って分かりやすく説明してくれる等）。

▶Google Earth を用いて発表する際，どのストリートビューを用いて発表するか事前に決めておき，プロジェクトにその地点を保存するように指示する。こうすることで，スムーズに本番で紹介できるようになる。

▶画像検索を Google スライド内で行わせる。挿入をタップすれば簡単に画像を加えることができる。

Google Earth を使って練習

発表：7／7時間目（展開）

▶クラスを前半グループ，後半グループに分ける。前半グループが旅行会社を担当する際，後半グループは客として来店し，ツアープランを聞き，アンケートからプランを1つ選んで投票する。

▶投票の規準は，①ICT を用いて分かりやすく英語で紹介しているかどうか，②客のことを考え，アイコンタクトや笑顔を意識しているかどうかを見るように指示する。

▶端末の画像を指し示しながら紹介するようにさせる。

▶教師は，前半・後半を12分ずつ設定し，モニターにストップウォッチを映す。

▶グループごとのアンケート結果を表示し，ベストプランナーを発表する。ベストプランナーにはモニターを使って，全体によい例として発表させる。

Tips!

Google スライドは他の Google アプリケーションとの互換性が高く，画像検索だけでなく，YouTube の動画の挿入等も行うことができる。他教科や他の単元の発表でも活用の機会を多く持つことができる。また，データ探索を用いることでレイアウトを自動で行ってくれるので，初心者にも簡単に扱うことができる点も魅力的である。

11 夏休みの思い出についての Show and Tell

・時　間：7，8／8時間
・準備物：端末，電子ペン，モニター
・ツール：Google Classroom，Jamboard

1 言語活動の概要

　夏休み終了後の授業で，動詞の過去形を用いて，「夏休みの思い出」と題して，Show and Tell で子ども一人一人に発表させる。単元では，動詞の過去形（went，ate，saw，had，enjoyed など）を使用した表現に十分に慣れさせ，最終的に，自分自身が夏休みに行ったことを英文にまとめ，端末を用いて Show and Tell をさせる。

　絵は，夏休みのイメージを簡単に描きながら，好きな形や色を選んで完成させる。また，共同編集機能を用いて，友達の作成途中の絵を見たり，友達に修正してもらったりすることも可能である。発表は，Google Classroom で絵を見せながら，発表させる。

2 事前の準備

　事前に5〜7文程度の英文で「夏休みの思い出」の発表原稿をノートにまとめさせる（Hello. から始まり，Thank you for listening. で終わる7文程度の英文にまとめさせる。状況によっては，さまざまな語彙や表現を提示する）。

夏休みの思い出を描いた絵

3 ICT 活用のポイント

・Jamboard の描画機能を用いて発表内容を絵に描く。その際，これまでの画用紙などの紙を用いて描いていたこととは異なり，何度も消したり描いたりしながら思い通りの絵を描き，質の向上をめざす。このことは，SDGs の考え方にも合致する。

・状況によっては，Google Classroom を用いて，クラスの友達と作成途中の作品を見せ合ったり，修正し合ったりして，質の高いものをめざす。

・発表では，一人一人が作成した絵を用いて，「夏休みの思い出」について Show and Tell で発表する。その際，話す子どもは，制作した作品をモニターに投影して話したり，聞く側の子ども達は，Google Classroom を用いて画面上の絵を見ながら聞いたりする。

・クラスの友達と作品を見せ合ったり，絵を見ながら発表を聞いたりして，相手意識を持たな

がら，情報モラルも向上できる。

・時間が許せば，共同編集機能を用いて Jamboard で気付いたことを付箋に書く。

4 活動の手順

発表準備：7／8時間目（展開）

▶夏休みの思い出について，5〜7文程度の英文を書かせる。

▶英文が完成したら，Google Classroom を開いて授業タブをタップして，課題「夏休みの思い出を発表しよう」を開かせる。

▶ < > を選択して，自分の出席番号のページを開かせる（教師は，Jamboard にタイトルを作成しておく）。

▶英文に合った絵を描かせる。好きな形や色を選んだり，発想を広げたりしながら完成させる。

▶描く際には電子ペンが便利だが，ない場合には指で描かせる。

▶ペアやグループで絵を作成させる場合には，Google Classroom を開いて，授業タブをタップし，課題「友達と絵を完成させよう」を開かせる。

▶ < > を選択して，各グループのページを開いて，絵を完成させる。

発表：8／8時間目（展開）

▶ Jamboard で完成した作品を，モニターに投影させ，Show and Tell をさせる。

▶聞く側の子ども達は，モニターの絵，または端末の絵を見ながら，「夏休みの思い出」の話を聞く。

▶ Show and Tell を聞いた感想を，Jamboard の付箋に書かせ，絵に貼り付けさせる。

感想の付箋を貼った例

Tips!

Show and Tell のような発表活動では，通常，画用紙などに絵を描かせて発表させるが，Jamboard では，何度でも描いたり消したり，色をさまざまに変えながら，自分の好きな作品に描き上げることができる。また，モニターに映して全員で見たり，作品を交換したり，共同編集機能を用いて互いの感想を書いたりして，それらの保存もできる。このことは，環境にやさしく，デジタルの強みでもある。

12 未来の自分にビデオレターを送ろう

・時　間：6，7／7時間　　　　　　・準備物：端末，モニター
・ツール：Google Classroom，Google ドライブ，Google 翻訳，はなして翻訳，Google
　　　　　スプレッドシート，Jamboard，カメラ

1 言語活動の概要

　卒業前の集大成として，未来の自分へのビデオレターを作成させる。第5時までは自分の将来の夢について紹介できるように，職業名の英語や "I want to be a / an ...." 等の表現に十分慣れ親しませておく。第6時ではビデオレターの内容を考え，辞書や Google 翻訳，はなして翻訳を参考にしながら英文を作成させる。第7時では，各々撮影したビデオレターを見せ合いながら，感想やアドバイスを伝え合わせる。

2 事前の準備

　ビデオレターを学校のどこで，どのように撮影するか，総合的な学習の時間等を利用して計画させておく。友達に撮影を頼んでもよいし，インカメラを利用して自分で撮影してもよい。また，未来の自分に質問したいことを Jamboard で話し合わせ，英語の既習表現を使ってどのように言えるか考えさせておくとよい。こうすることで，未来の自分に語りかける素敵なビデオレターを意識して作成することができる。

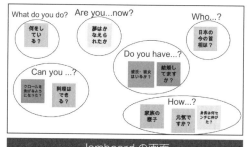

Jamboard の画面

3 ICT 活用のポイント

・カメラで動画撮影を行うと，動画編集が子どもにも簡単にできるようになる。また，インカメラを利用して，自分で撮影することもできる。
・既習語彙が少ないため，子ども達が伝えたいことを英語で表現することは今までは難しかったが，はなして翻訳を使うと，自分が吹き込んだ日本語を一瞬で英語にできる。教師による最終チェックは必要だが，英作文へのハードルは格段に下げられる。

はなして翻訳の画面

4 活動の手順

発表の準備：6／7時間目（展開）

▶ 教師が事前に撮影した未来の自分に向けてのビデオ
レターを見せ，活動のイメージをつかませる。

▶ Jamboard を使って，グループで未来の自分への質
問を考えさせる。

▶ 辞書やはなして翻訳を利用して，自分が話す英文を
作成させる。

▶ 次時までに動画を撮影し，Google Classroom の課
題として提出させる。

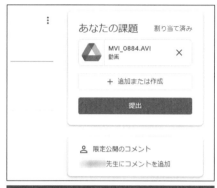

Classroom の課題提出

発表：7／7時間目（展開）

▶ 撮影したビデオレターをみんなで鑑賞し，感想やアドバイスをみんなで Google スプレッ
ドシートに打たせる。見るポイントを前もって知らせておくとよい。

（例：将来の夢とその理由を入れているかどうか，質問を入れているかどうか，笑顔で話
しているかどうか等）

▶ コメントを発表者1人につき聞き手の2，3人に尋ねる。また，アドバイスを受けて再度
ビデオレターを撮り直してもよいこととする。

▶ ビデオレター例

Hello! How are you? How is my family? Do you have a girl friend?

Now, I want to be a teacher like Mr. Suzuki. I like Mr. Suzuki. Do you remember him?

Are you a teacher? I hope you are a nice teacher.

Good luck with your next step! See you in the future.

▶ 「10年後の同窓会でまた見よう」「成人式の日に家に届くようにしよう」等，将来ビデオ
レターを見る機会を子ども達と決めておくと面白い。

Tips!

Chromebook の場合，DVD-ROM に直接動画を保存することはできない。Google
Classroom の機能を使って動画を提出させ，教師の端末を使って他の記憶媒体（DVD-
ROM，SD カード等）に保存しておくとよい。

13　自己紹介をしよう

- 時　間：3，4／4時間
- 準備物：端末，電子ペン，モニター
- ツール：Sway，カメラ，フォト

1　言語活動の概要

Sway を使って，好きなものを伝える自己紹介スピーチを行わせる。スピーチで使う写真を3，4枚撮らせ，必要があればフォトの描画機能で手書きのイラストを加えさせる。編集を終えた写真は Sway に載せる。単元では，色，食べ物，スポーツの語彙を使って，自分が好きなものを伝える表現に十分に慣れ親しませる。スピーチでは，作成させた Sway をモニターに映し，1人ずつ発表させる。

Sway の画面

2　事前の準備

Microsoft 365 for Education のアカウントにログインできるようにさせておく。子ども達が Sway を活用したスピーチをイメージできるように，モデルスピーチで提示する作品を作る。端末のカメラで写真を撮り，フォト機能で手書きのイラストを加える。編集したものを Sway にアップロードし，レイアウトや順番を整える。

3　ICT 活用のポイント

- 端末のカメラを使うと，簡単に実物を示すことができる。また，カメラとフォト機能を使い，自分の顔写真の隣にイラストを描いて組み合わせることもできる。
- Sway は，写真をアップロードすると自動的に見やすくレイアウトするので，短時間で見栄えのよい作品ができる。また，レイアウトを変えたり，写真の大きさや並べる順番を変えたりする工夫も簡単に行える。PowerPoint の使い方を指導する事前の学習として活用することも考えることができる。
- 作品は，自分のアカウントにログインすれば Sway で見ることができるが，ポートフォリオとして紙でファイルに綴じたい場合は PDF にして印刷することもできる。

4 活動の手順

発表の準備：3／4時間目（展開）

▶教師のモデルスピーチを聞かせ，スピーチのイメージや Sway の活用方法を理解させる。

Hello. I'm Azusa. （名前）

I like blue. （好きな色）

I like strawberries. （好きな食べ物）

I like badminton. （好きなスポーツ）

Do you like badminton? Thank you. （質問や挨拶）

▶スピーチのめあてを確認させ，好きな色，食べ物，スポーツで，それぞれ伝えたいことを考えさせる。

▶カメラを起動させ，スピーチで使いたい写真を3，4枚撮らせる。

▶ 編集と作成 から描画を選び，好きなペンの色で，自分の好きなものを描き加えさせる。顔の上には，描かせないようにする。

▶編集ができたら， フロッピーマーク をタップして，保存させる。

▶ Sway にログインさせ，先ほど作成した3，4枚の写真をアップロードさせる。

▶写真の大きさや並べる順を工夫させる。

▶ Sway でスピーチの練習をさせる。

写真のアップロード

発表：4／4時間目（展開）

▶めあてを確認し，発表に向けて最終練習をさせる。

▶作品をモニターに映し，1人ずつ発表させる。

▶友達の発表でよかった点や，友達のことで初めて知った点等について感想を伝え合わせる。

▶発表の様子を動画で記録する。

Tips!

　Sway に思い出の写真を載せて，小学校生活の思い出のスピーチに活用することもできる。今回，文字入力は行わないが，5，6年生の外国語で活用する場合には，音声で十分に慣れ親しんだ語彙や表現を入力させることもできる。また，写真だけでなく動画もアップロードできるので，スピーチ動画を Sway に加えることもできる。

14　校内の道案内をしよう

・時　間：3, 4／4時間
・準備物：端末（各グループ1台ずつ），電子ペン，モニター
・ツール：カメラ，フォト

1　言語活動の概要

　校内の道案内の動画を撮影し，発表をさせる。第1時，第2時では，校内の教室名を表す語彙や，"Go straight." "Turn right ／ left." "It's on your right ／ left." の表現に慣れ親しませる。第3時には，グループごとに校内の道案内をする課題（ミッション）を与え，最短コースで聞き手に分かりやすい道順を考えさせる。子ども達はグループで1台ずつ端末を持ち，カメラを使って道案内の動画を撮影し，それに電子ペンで矢印等を書き加えて編集し発表させる。

> ミッション A
>
> スタート…校門
> ゴール…職員室
>
> 準備する課題例

2　事前の準備

端末を持って動画撮影

　第3時に課題の道案内を撮影させる。課題は，あらかじめ教師が用意し，グループごとに異なるものとなるようにする。聞き手に分かりやすい説明になるように，フォトの描画機能を使って，動画に電子ペンで矢印などを書き加えて編集させる。発表（第4時）では，作成した動画をモニターに映し出しながら発表できるように練習させる。

3　ICT 活用のポイント

・4年生では，英語を「書くこと」の指導は行わないが，撮影した動画に文字も書きたいという意欲を持つ子どももでてくる。書き写しができるように，黒板や子ども達の手元のワークシート等に "Go straight." "Turn right ／ left." といった見本を書く。

・机間指導の際に，必要があれば矢印等の太さや色使いについて指導する。

電子ペンで動画に書き込み

4 活動の手順

発表の準備：3／4時間目（展開）

▶座席の前後で4，5人のグループを組ませる。

▶課題は，「校舎の入口から職員室」や「自分たちの教室から音楽室」など，スタート地点とゴール地点の場所を書いたもので，グループの数＋1，2個分用意する。"Go straight." "Turn right / left." が使用できる課題となるように留意する。

▶グループの代表者が課題のクジを引き，グループでスタート地点からゴール地点までの分かりやすい道案内を考えさせる。

▶端末のカメラを起動させて，校内の道案内を撮影させる。

▶撮影後，教室に戻って編集の描画機能で，動画に矢印を書き込ませる（電子ペンがない場合は，指で書くこともできる）。

▶聞き手に分かりやすいように，ペンの太さや色使いを工夫させる。

▶完成したら 保存 をタップし，端末のフォトに保存させる。

発表：4／4時間目（展開）

▶フォトに保存した動画をモニターに投影し，Show and Tell をさせる。

▶聞く側の子ども達には，ゴール地点がどこなのかを予想しながら発表を聞かせる。発表途中で，予想を言わせても楽しい。

▶全グループの発表後，工夫された発表をしていたグループについてコメントをさせたり，自分が次回発表するときに取り入れたい点を発表させたりする。

▶発表の様子は，記録として端末で録画する。

動画の発表

Tips!

　端末のカメラを使うことで，実際に自分たちが毎日過ごしている校内を道案内することができ，学校生活と結び付いた学習をさせることができる。他の単元では身近な人（先生や友達）を登場させることもでき，オーセンティックな（現実的な）教材から英語の有用性を感じさせることもできる。

15　買い物をしよう

・時　間：3／4時間
・準備物：端末3台，モニター，課題（ミッション）を記したカード，果物や野菜
・ツール：Microsoft Teams

1　言語活動の概要

　与えられた課題（ミッション）に応じて，買い物のインタビューテストを1人ずつ行う。ALT は店員，子どもは客になり，Teams を介して，別々の場所でやり取りを行う。

　店員（ALT）：Hello. What do you want?

　客（子ども）：Hello. I want grapes and watermelons.

　店員（ALT）：Grapes and watermelons, OK?

　インタビューテストの様子は，Teams を介して教室にいるクラスの友達に中継し，モニターで視聴させる。Teams での会話は録画し，後から本人や教師が見られるようにする。

果物を買う様子

2　事前の準備

　パフェかピザを作る課題を設定し，果物や野菜の語彙に慣れ親しんだ子ども達が取り組みやすくする。Teams の 会議 をスケジュールする から，あらかじめ会議を設定し，参加できるようにしておく。課題は，「夏らしいパフェを作ろう！」「担任の先生が喜びそうなピザを作ろう！」など，子ども達の工夫が期待できる内容を8〜10程度作成する。

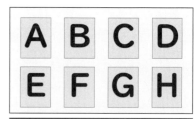
課題（ミッション）の選択

3　ICT 活用のポイント

・インタビューテストの様子がモニターに大きく映るので，どの座席からもよく見ることができる。よかった点や改善点に気付きやすく，評価しやすくなる。

・録画したものが Teams に残るので，すぐに自分のインタビューテストの様子を視聴することができる。自身のパフォーマンスを客観的に見た上で，振り返りをすることができる。

・教師が評価する際には，繰り返し見たり，複数の教師で確認したりすることができる。

4 活動の手順

テストの準備：3／4時間目（展開1）

- ▶ワークシートを読み，評価の観点を子ども達に確認させる。
- ▶3台の端末をそれぞれの場所（テストルーム，英語ルーム，教室）でTeamsの会議に参加できることを確かめる。教室の隣のテストルームはテストを受ける子どもが使用，英語ルームはALTが使用する。教室は，他の子ども達がテストの様子をモニターで視聴し，評価する場所として使用する。
- ▶3台ともカメラとスピーカーが接続されていることを確かめる。教室の端末のみ，カメラとスピーカーをオフにする。

テスト：3／4時間目（展開2）

- ▶インタビューテストを受ける子どもをテストルームに入室させる。
- ▶教師は子どもに課題を1つ選ばせ，買う食材を30秒間考えさせる。
- ▶店員役のALTとやり取りをしながら，課題に合う食材を買わせる。
- ▶支援が必要な子どもには，教室の端末のマイクをオンにして教師がメッセージを送ったり，テストルームに行って，直接サポートをしたりすることで，負荷を軽減する。

ピザの食材を買う様子

- ▶インタビューテスト終了ごとに，次の子どもをテストルームに入室させる。
- ▶モニターを見せながら，教室にいる子ども達に，観点ごとの評価をさせる。
- ▶全テスト終了後，Teamsでの通話を終了し，各自の端末でTeamsを開かせる。録画された全インタビュー映像のうち，自分のインタビューのみを視聴させる。自身のパフォーマンスを客観的に見た上で，がんばったことと次にがんばりたいことについて振り返りを書かせる。

Tips!

> 「話すこと［やり取り］」は，ペアを組んだ相手の影響を受けやすい。組む相手によって評価が変わりやすいが，一人一人がALTと対話をすることで，評価の条件を揃えることができる。また，教室にいる子ども達に，クラスの友達の受け答えの様子をモデルとして学ばせることができる。Teamsの会議機能は，どのパフォーマンステストでも活用できる。

16 オンライン授業で道案内をしよう

- ・時　間：1／8時間
- ・準備物：端末
- ・ツール：Microsoft Teams, PowerPoint

1 言語活動の概要

　Teams を介したオンライン授業をする。教師と ALT によるやり取りをスモールトークとして聞かせ、道案内の学習の見通しを持たせる。

（電話の着信音の後、会話を始める。）

教師：Hello, Catherine sensei. What's up?

ALT：Hello. I want to go to the library. Please tell me how to go to the library. I'm here now.

教師：I see. Turn left, please.

ALT：OK. Turn left.

　PowerPoint を見せながら、建物名の新出語彙に慣れ親しませたり、道案内をさせたりする。

スモールトークで示すスライド

2 事前の準備

　PowerPoint を使って、授業で使うスライドを作成する。思考させながら語彙や表現に慣れ親しませられるように、さまざまな活動を用意する。Teams の 会議 で授業の日程を設定し、事前に投稿しておき、子ども達が参加できるようにする。

3 ICT 活用のポイント

- ・オンライン授業は、子ども達が登校できない場合にも学習の機会を保障することができる。
- ・右や左の指示を聞き、聞いた通りに体を動かす活動（TPR）では、子ども達のカメラを起動した状態で、確かめ合いながら学習することができる。これにより、学校で学習できなくても、友達とのつながりを感じることができる。
- ・PowerPoint を活用すると、絵カードを印刷する紙を使用したり持ち運んだりする必要がなくなる。Missing game でも、1枚1枚の絵カードを動かしたり外したりする必要がないので、時間短縮ができる。

4 活動の手順

スモールトーク：1／8時間目（導入）

- ▶ Teams の 参加者を表示 から，子ども達の出席を確認する。
- ▶ ALT が教師に電話をかけてきた状況を設定し，ALT にある場所から図書館までの道案内を教える様子をスモールトークとして聞かせる。その際，案内の状況が分かるように，PowerPoint のスライドを示しながら進める。
- ▶聞き取れたことを発表させ，本時のめあてを確認させる。

語彙や表現の練習：1／8時間目（展開）

- ▶ ALT の発音に続いて繰り返し練習し，建物名の語彙に慣れ親しませる。

    教　師：I want to cook curry and rice today. I want potatoes, onions, carrots, and beef. Let's go to the …?

    子ども：Supermarket!

    教　師：Yes, that's right. Let's go to the supermarket.

    子ども：OK. Let's go to the supermarket.

- ▶左右の言い方を復習した後，聞いた内容に合う道案内をさせる。

    教　師：I wrote a letter to Kiyama sensei. I want to send this letter. Which way should I go? Turn right, or turn left?

    子ども：Turn right. （体を右に向ける。）

    教　師：Turn right? （スライドを次に進める。） Thank you. I can go to the ….

    子ども：Post office.

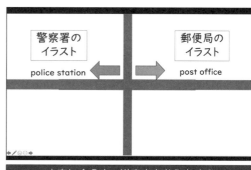

Tips!

Teams 等を活用したオンライン授業は，ブレイクアウトルームを活用すると，一斉の学習形態だけでなく，グループやペアでやり取りをさせることで発話の機会を確保できる。レコーディングを使うと，授業が Teams に保存され，欠席者も視聴できる。

17　レストランのメニューを作ろう

・時　間：7，8／8時間
・準備物：端末（グループで2台），電子ペン，モニター
・ツール：PowerPoint，Microsoft Bing

1　言語活動の概要

　レストランやカフェの場面を設定し，店員と客とのやり取りを行わせる。第6時までは，教科書にでてくる料理名や値段（1,000円まで）や接客で必要な表現に慣れ親しませる。

店員：Hello. Welcome to Meiji Cafe. This is the menu.
　　　What would you like?
お客：I'd like cake and tea with milk.
店員：Cake and tea with milk, OK?
お客：Yes.
店員：OK. 600 yen, please.
お客：Here you are.
店員：Thank you.

手書きのメニュー作り

2　事前の準備

　事前（第7時）に，どのような店員がよいかをクラスで話し合い，めざす店員をイメージしながら，PowerPoint を使ってメニュー作りを行うなど，グループで協力して開店準備をさせる。

3　ICT 活用のポイント

・教科書を使うだけでは，どのグループの店も同じようなメニューになりがちなので，ICT を活用して，自由にメニュー作りから行い，客に喜んでもらえるような工夫や配慮を考える。ICT 活用によってメニュー作りも比較的短時間で可能になる。

・PowerPoint では，Microsoft Bing で検索した料理の写真を貼り付け，自由に移動できる。描画機能で料理名や値段，店名などの手書きを加えることができる。

メニュー　に貼る画像の選択

4 活動の手順

発表の準備：7／8時間目（展開）

▶どのような店員がよいか，クラスで考えを出し合い，めざす店員をイメージさせる。
（笑顔で接してくれる，メニューのおすすめを教えてくれる，安くしてくれる等）

▶座席の前後で4人程度のグループを組ませる。

▶メニューを作るために PowerPoint を開き，端末に 複製保存 をさせる。作業中，机間指導
をしながら適宜声をかけ，その度に 上書き保存 をさせる。

▶どのような店にするのかジャンルを決め，Microsoft Bing で料理を検索させる。使いたい
写真があればコピーをして，PowerPoint に貼り付けさせる。

▶ PowerPoint には，描画で手書きを加えることもできるので，必要があれば電子ペンや指
で，料理名や値段，店名を書かせる。

▶2人ずつ前半・後半の店番を決めさせる。店員役と客役に分かれ，グループ内で接客の練
習をさせる。

発表：8／8時間目（展開）

▶前時に出した，めざす店員のイメ
ージを確認する。

▶机を向かい合わせにし，端末を置
いて開店準備をさせる。

▶教師は，前半と後半を12分ずつ設
定し，モニターにストップウォッ
チを映す。

▶客の役割をした後，振り返りシー
トによかった店員について記述さ
せる。

店員と客とのやり取り

▶よかった店員については，クラスで決めた観点をもとに，どこがよかったかを発表させる。

Tips!

　PowerPoint は，他の単元での Show and Tell のスピーチや他教科での調べ学習等の発
表にも，大いに活用できる。PowerPoint は最も有名なプレゼンテーションソフトであり，
生涯に渡って使う可能性の高いものと言える。Microsoft Bing などの検索エンジンから写
真や画像をコピーして貼り付けた後も Word 等よりも移動が簡単で操作しやすい。テンプ
レートではなく，白紙のスライドを挿入することで活用の範囲が広がる。

18 確認クイズをしよう

・時　間：5，6／7時間
・準備物：端末，モニター
・ツール：Microsoft Teams，Microsoft Forms，カメラ

1 言語活動の概要

　自分の誕生日や誕生日に欲しいものについてインタビューする動画を視聴させ，内容を確かめる。クイズはFormsで作成し，回答させる。単元では，12か月や日付の語彙に十分に慣れ親しませ，自分の誕生日や誕生日に欲しいものを伝える表現を練習させる。教師によるインタビュー動画をモデルとして，第7時には，クラスの友達に誕生日や誕生日に欲しいものについてのインタビューを行わせる。

Formsの確認クイズ

2 事前の準備

　普段，子ども達と関わりの多い教師（4，5名程度）に協力を仰ぎ，4，5本のインタビュー動画を作成する。撮影する教師は，首からカンニングペーパーを下げながらカメラを構えると，協力者の教師の時間的負担や，「英語を話さないといけない」という心的不安を減らすことができる。また，聞いた誕生日を繰り返し確認したり，"Me, too." "I see." 等で共感したりすると，聞き手としてのよいモデルとなる。

3 ICT活用のポイント

・動画の作成により，普段外国語を指導していない教師の英語を使う姿を子ども達が見ることができる。さまざまな教師を巻き込んで教材を作成すると，学校全体で外国語教育に取り組むきっかけ作りとなる。

・作成したFormsは，Teamsの課題に割り当てることができ，同じクイズを他のクラスでも活用できる。回答はクラスごとに分けて集計し，クラスごとの理解度を把握できる。

・Formsでは，問題ごとに正当数が分かり，円グラフで正答率を確かめることができる。子ども達のつまずきの箇所をすぐに確認し，指導改善を図ることに役立つ。

4 活動の手順

リスニング：5／7時間目（展開）

▶校長先生のインタビュー動画をモニターに映し，視聴させる。

校　　長：Hello, everyone. How are you?

撮影者：We are so happy to see you.

　　　　Can I ask some questions?

校　　長：Of course.

撮影者：Thank you very much.

　　　　First, when is your birthday?

校　　長：My birthday is January 13th.

撮影者：OK. January 30th, right?

校　　長：No. My birthday is January 13th.

撮影者：I'm sorry. January 13th. Then, what do you want for your birthday present?

校　　長：I like blue, so I want a blue T-shirt.

撮影者：Me, too. I like blue. It's a good idea.

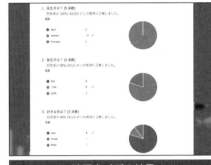

確認クイズの結果

▶ Teams を開かせ，課題から Forms のクイズに回答させる。

▶全員に提出させた後，回答を確認する。

▶特に間違いの多かったクイズを取り上げ，再度視聴させたり繰り返し発音したりする（13th と30th の違いを再度指導する必要が分かり，両方を聞かせて違いに気付かせる）。

▶次の教師のインタビュー動画を視聴させる。

発表：6／7時間目（展開）

▶前時のインタビュー動画を視聴させる。

▶本時までに見た4，5本の動画をモデルとして，隣の席の友達やクラス内でのインタビュー練習をさせる。

▶インタビューの練習で，伝え方が分からなかった表現や困ったことがあれば発表させる。

Tips!

　普段のスモールトークの後にも，内容についての Forms のクイズを活用することができる。話を聞いた後にクイズをすると，子ども達が真剣に聞くようになる。教師は，子ども達の理解度をすぐに把握できるので，実態に合った指導ができる。

19　クラスの友達についてのクイズを作ろう

- ・時　間：5，6／6時間
- ・準備物：端末，QRコード
- ・ツール：Microsoft Forms, Excel, PowerPoint, カメラ

1　言語活動の概要

　第5時に友達ができることについてのクイズを作成し，第6時にクイズ大会をする。クイズ作成の際には，事前（第2時）に実施したFormsのアンケート結果を活用する。教師がモニターに映し出したQRコードを端末で読み取らせ，質問に，自分ができるかどうかを回答させる。第2，3時に，インタビュー活動を通して，表現に十分に慣れ親しませ，第4時に，第三者について紹介する表現（He / She）を学習させる。第5時は，クイズとして出題するクラスの友達の情報（第2時のアンケート結果）を教師が子ども達に渡し，グループで出題内容の選択，自分たちの練習を録画して互いにアドバイスさせる。第6時にクイズ大会を行う。

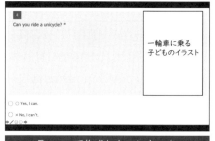

Formsで作成したアンケート

2　事前の準備

　Formsを使い，"Can you swim 100 meters?" "Can you ride a unicycle?" 等の質問に対して，できるかどうかのアンケートを作成する。アンケートを共有するために，QRコードをダウンロードし，PowerPointに貼り付ける。

5年I組
できることアンケート
①カメラを開く
②QRコード読み取る
③アンケートに答える
④送信ボタンをおす

モニターに映すQRコード

3　ICT活用のポイント

- ・Formsのアンケートでは，教師が結果をすぐに集計できる。子ども達の必要に応じて，提出された情報をすぐに取り出すことができ，子ども達の準備時間も短縮できる。
- ・アンケートには，文字に画像や動画も加えることができる。回答する際には教師が1つずつ読み上げるが，添付画像も見られるので，質問内容の理解を促すことができる。

4 活動の手順

発表の準備：5／6時間目（展開）

▶クラスの友達のうち，誰についてのクイズにするかをグループで話し合わせる。

▶その友達について，アンケート結果の情報を教師にもらう。

▶もらった情報の中から，クイズの出題に使いたい内容を選ばせる。

▶クイズを作成させ，グループ内で出題箇所の分担をさせる。

> 全員：Who is he?
>
> A：Hint 1. He can swim 100 meters.
>
> B：Hint 2. He can't ride a unicycle.
>
> C：Hint 3. He can sing "紅蓮華" well.
>
> D：Hint 4. He can do *kendama*.
>
> 全員：（英語で20秒数えて，クラスの子ども達が予想するのを待つ。）Who is he?

▶担当箇所を練習した後，端末のカメラを使って，自分達の出題の様子を録画させる。

▶グループ内で互いにアドバイスし合ったり，自分自身の録画の様子を見たりして改善させる。

発表：6／6時間目（展開）

▶1グループずつ出題させる。

▶答えを予想して子どもに回答させる。出題者は，回答が正解なら "Yes, that's right." と伝え，違っている場合は，"No, sorry." と伝えさせる。

▶全グループの出題後，よかったところや自分も取り入れてみたいところを発表し合いながら，活動を振り返らせる。

▶クイズがよくできていたグループの録画を，確認のために，クラスの子ども達に見せてもよい。

Tips!

Forms の アンケート を使うと Excel 上に情報が集約される。回答を出席番号順に並ばせることも容易で，必要な情報をすぐ取り出すことが可能である。これまでのように，回収したプリントを1枚ずつ探す時間が省ける。

アンケート の活用として，他の単元の「日本を紹介しよう」では，おすすめしたいランキングを調査し，発表することもできる。今回のように，アンケートにつながる QR コードを子ども達にカメラで読み取らせるのが簡単である。

20　【家庭学習】動画を視聴し，内容理解のクイズに答えよう

・時　間：4／8時間以降の自宅学習
・準備物：端末
・ツール：Microsoft Teams, Microsoft Forms

1　言語活動の概要

　職業や出身地，性格（性質），できることを伝える表現に慣れ親しませた後，世界で活躍する有名人や校内の教師についての紹介動画を家庭学習として視聴させる。分からないところがあれば，繰り返し視聴させる。視聴後は，Forms を開かせ，内容理解のクイズに回答させる。選択肢を読む際には，手がかりとして教科書を活用させる。回答後，表示された正誤を確認し，もう一度動画を確認させる。

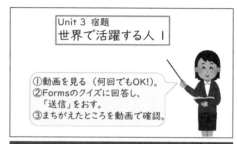

Unit 3 宿題
世界で活躍する人 I

①動画を見る（何回でもOK!）。
②Forms のクイズに回答し，
　「送信」をおす。
③まちがえたところを動画で確認。

動画を視聴させる

2　事前の準備

　既習の語彙や表現を使って，世界で活躍する有名人や校内の教師を紹介する動画を作成する。動画の内容に合うように，Forms を使って内容理解のクイズを作成する。第4時の授業以降の家庭学習として，動画とForms を Teams の課題に投稿する。

4. She can ....（動画で話されていたことを全て選びましょう）　＊
（5 点）

☐ dance well

☐ play soccer

☐ sing well

☐ speak English very well

Forms でクイズの作成

3　ICT 活用のポイント

・教師が動画を作ると，子ども達に身近な話題となり，実態に応じた教材で家庭学習をすることができる。
・動画を途中で停止して戻したり，繰り返し見たり等，自分の理解に応じた学習をすることができる。
・Forms のクイズに回答した後，結果を表示から，答えを確かめることができるので，すぐに間違いを直すことができる。教師は，間違いの多かった箇所を Forms のグラフで確認し，次回の授業で指導することができる。

4 活動の手順

動画の視聴：宿題

▶ Teams で課題を確認させてから動画を視聴させる。

Hello, everyone. How are you?（間を置いてから）I'm great, thank you.

Do you know her?（写真を提示）

She is Watanabe Naomi.

She is in New York now.

She is a comedian.

She is very popular and active.

She can sing and dance well.

She can speak English very well.

▶自分の理解に応じて，複数回確認させる。

質問の回答：宿題

▶ Teams の課題から Forms を開かせる。
選択肢に書かれている語彙を教科書で確
かめながら読み，動画の内容に当てはま
るものを選ばせる。

▶全て回答が済んだら送信させる。

▶結果の表示から正答を確認させる。

▶再度，動画を視聴させ，間違えた箇所を
確かめさせる。

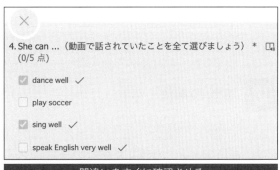

Tips!

　教師が作成した動画を課題として与え，Forms のクイズで内容を確かめさせるだけでな
く，子ども達のパフォーマンス動画を課題として活用することもできる。その際，内容理解
を確かめる Forms のクイズも子ども達自身に作成させる。これにより，教科書から選択肢
に入れる語彙を選ばせ，入力させるという「読むこと」と「書くこと」の必然性を盛り込む
ことができる。

21　小学校の思い出を発表しよう

- ・時　間：6，7／8時間
- ・準備物：端末，キーボード，（電子ペン），モニター
- ・ツール：PowerPoint, Microsoft Bing, Microsoft Teams, ボイスレコーダー, カメラ

1 言語活動の概要

PowerPoint のスライドを示しながら，小学校生活の思い出のスピーチをさせる。

Hello. My best memory is ….

No. 1 sports day

No. 2 music festival

No. 3 school trip

My best memory is a school trip.

スピーチのスライド作成

単元では，思い出について話す表現（行った場所，見たもの，食べたもの，楽しかったこと，感想）に親しませておく。クイズ形式を取り入れる等，聞き手を楽しませる発表になるように工夫させる。

2 事前の準備

PowerPoint で見本のスライドを作成する。その際，UD フォントを規定のテキストボックスに設定することで，テキストボックスを挿入するたびに UD フォントで入力されるようにする。

Teams の課題から作成を選び，スライド見本を添付し，子ども達がスライド見本の書き換えができるように準備しておく。

Teams を使った課題の出し方

3 ICT 活用のポイント

・スライド作成には時間がかかるが，Teams で共有した見本を活用すると，作成時間の短縮，スピーチの練習時間の確保ができる。

・キーボード入力に抵抗がある子どもは，PowerPoint の描画機能を選ぶ。

4 活動の手順

準備：6／8時間目（展開）

▶ PowerPoint のスライド見本をモニターに映し，子ども達にモデルスピーチを聞かせる。

▶ Teams から，課題の PowerPoint を開かせる。

▶ 編集 → 受講者は自分のコピーを編集 をタップしてから作業を始めさせる。

▶ 教科書から，自分の伝えたい内容に合う語
彙や表現を選び，スライド見本を書き換え
させる。必要があれば，挿入 から新しいス
ライドを加えさせる。

▶ 挿絵は，自分自身の思い出の写真や Bing
で検索したものを使わせる。語彙や表現は，
キーボード入力か描画機能の手書きでさせ
る。キーボード入力と手書きの両方が混在
してもよい。

▶ 授業終了後，Teams から課題の進捗の様子を確かめ，必要があれば語彙や表現を訂正さ
せるコメントをしたり，個別の指導をしたりする。

発表の練習：7／8時間目（展開）

▶ Teams を開かせ，PowerPoint でスライドの続きを作成させる。

▶ 完成したら，スライドを自力で操作しながら話す練習をさせる。

▶ 発音に不安がある子どもには，端末のボイスレコーダーを開かせ，ALT のモデルの音声
を聞かせる。モデル音声を何度も聞かせ，真似をしながら練習をさせる。

▶ 隣の席の友達とペアを組み，互いの発表の様子をカメラで録画させる。自分の発表の様子
を何度もチェックさせる。よりよいスピーチになるように互いに録画を繰り返し，アドバ
イスをし合わせる。

Tips!

PowerPoint は，どのスピーチでも活用することができる。子ども達がキーボード入力
に慣れ親しんでいない場合は，描画機能から手書きをさせることもできる。また，アニメー
ションや画面切り替えにこだわるあまり，見づらい作品にならないように留意する。このよ
うな機能は，聞き手を引きつけたり，分かりやすく伝えたりするための目的であることを伝
え，本来の目的を見失わないようにさせる。

22 フィードバックを送ろう　自己紹介をしよう

・時　間：8／8時間
・準備物：端末，モニター，QR コード
・ツール：Microsoft Forms，Excel，カメラ

1 言語活動の概要

　新学期のはじめに，クラスの友達に向けて1人ずつ自己紹介スピーチをする。聞き手は，友達の発表を Forms のアンケート機能で評価する。スピーチに向けて，誕生日や自分の好きなこと（食べ物，動物，スポーツ，教科など）を伝える表現を十分に復習させる。事前（第7時）には，スピーチの評価規準を子ども達に知らせて，意識して練習できるようにする。

スピーチ評価のアンケート

　スピーチ本番の第8時には，子ども達の端末から Forms を開かせ，スピーチ評価が行えるようにする。1人ずつのスピーチの入れ替わりのときに，4段階で評価を行わせる。

2 事前の準備

　Forms でアンケートを作成する。本単元のように，複数項目の評価をさせる際にはリッカートで作成する。アンケートの最後には，記述欄を設ける。

3 ICT 活用のポイント

・提出された回答は自動的に集計し，Forms 上でグラフ化する。Excel に出して集計することもでき，記述も一覧にまとめられる。スピーチ終了後の振り返りの際に，友達のがんばりについて，手を挙げて言わなかった子どもの意見についても，教師が取り上げて紹介できる。がんばった子どもだけではなく，がんばりを見つけて記述した子どもについても褒めることができる。

アンケートの記述項目

・プリントを回収し集計する手間が省ける。スピーチ評価の参考資料の1つとして活用することができる。投票形式でスピーチコンテストをしている場合には，結果をすぐに伝えることができる。

4 活動の手順

発表の準備：8／8時間目（導入）

▶スピーチの評価規準を確認してから，最終練習をさせ
る。

▶教師は，本時で使用する Forms のアンケートを開き，
モニターに映す。アンケートは，4段階評価と最後に
自身の振り返りをする内容であることを知らせる。

▶|共有|から|QR コード|を選ぶ。アンケートにつながる
QR コードを子ども達に共有する。子ども達が
Microsoft 365 for Education のアカウントを持ってい
ない場合は，|すべてのユーザーが返信可能|を選ぶ。

▶端末のカメラを起動させ，QR コードを読み取らせる。
その際，教師が事前に QR コードをダウンロードして
PowerPoint 等に大きく貼り付けたものをモニターに
写す方が子どもの端末のカメラで読み取りやすくなる。

QR コードの入手方法

PowerPoint で作成

発表：8／8時間目（展開）

▶スピーチの順を決めて，1人ずつ発表させる。

▶発表者の隣に椅子を2つ程度用意し，次の発表者が待機する場所を作る。発表後，次の発
表者に交代している間に他の子ども達に評価させる。

▶全員の発表終了後，友達の発表でよかったところや自身の発表でがんばったところ，次に
がんばりたいことなどを記述させる。

▶友達について記述したことを数名に発表させる。

▶ Forms の|送信|をタップさせ，回答を提出させる。

▶ Forms の|応答|をタップして，提出数から全員の提出が済んだことを確かめる。

Tips!

> Forms のアンケート機能は，本時の目標を達成したかどうかの自己評価として毎時間の
> 活用も考えられる。子ども達が学習を自らの言葉で振り返るように，選択項目だけでなく，
> 必ず記述項目も組み合わせる。

23　世界の国（他の学校）とつながろう

・時　間：7，8／8時間
・準備物：端末，モニター，Show and Tell で使うもの
・ツール：Skype，カメラ

1　言語活動の概要

　日本のことを紹介する単元で，外国の学校の子ども達とリアルタイムで交流させる（第8時）。まず，交流に向けて，四季，行事，食べ物，スポーツ等で日本を象徴する語彙に十分慣れ親しませる。教科書に載っているものだけではなく，子ども達や地域の実態に応じて，加えてもよいことにする。また，"We have …." "You can enjoy / see …." "It's …." の表現に慣れ親しませる。第6時では，外国の子ども達に自分が伝えた

モニター前で発表する様子

い内容を考え，発表原稿を書かせる。発表は1人ずつ行うが，聞き手を配慮して，同じジャンルごとに発表グループを設定する。第7時では，自分の発表を端末のカメラで録画して，繰り返し確認させ，改善を図りながら本番に向けた準備をさせる。

2　事前の準備

　第6時終了後に発表原稿を提出させ，教師と ALT とで添削する。交流相手校の教師と Skype の通話やチャットで，日程，時間，交流内容，使用語彙や表現について話し合う。

3　ICT 活用のポイント

・Skype 等の会議ツールでは，相手の反応がリアルタイムで見ることができ，英語が通じた喜びや伝えきれないもどかしさを実感することができる。時差が6時間以内までの国であれば交流が可能となる（サマータイムによる時差の変更には注意が必要である）。
・友達同士では既に知っていることでも，コミュニケーションの相手が外国の子ども達となると，情報のギャップができて，コミュニケーションの必然性が生まれる。

・相手に理解してもらえるように実物を提示したり，ジェスチャーで示したりして，相手への配慮が見られるようになる。

4 活動の手順

発表の準備：7／8時間目（展開）

▶前時に作成した紹介文で，教師が添削した原稿を練習させる。

Hello, I'm Satomi.

We have sushi in Japan.

It's delicious.

I like tuna, salmon, *ikura*, and shrimp.

What kind of sushi do you like?

▶発表で使うものを準備させる。絵に描いたり，工作をしたりしてもよいことにする。絵に描かせる際には，太いペンで描かせたり，大きく描いたりして，画面越しでも相手に伝わるような工夫をさせる。また，寿司のキーホルダーなど，発表に活用できるものがあれば持参してもよいことにする。

▶自分の発表を端末のカメラで録画して，見直しながら繰り返し練習させる。

発表：8／8時間目（展開）

▶全員が画面に映るように机を移動させ，椅子のみにする。

▶発表するジャンルごとに，端末のカメラの前に立って，日本を象徴するものを紹介する。発表後は自席（椅子）に戻らせる。

▶質問コーナーを設けると，さらに相手のことや相手の文化について詳しく知ることができる。

▶自分の発表や，交流で分かったことについて，振り返りシートに記入して，提出させる。

Tips!

　他の単元では，「自己紹介」や「学校で学習している教科の紹介」などでも交流が可能である。実物を見せながら伝えると "I like ...." を使った短く簡単な表現や，単語レベルでも十分に交流することができる。扱う語彙や表現次第で，どの学年でも実践することが可能である。

　交流にあたっては，こちらが扱う語彙や表現を交流相手校の教師に事前に伝えておくと，配慮してくれたり，簡単な表現で伝えてくれたりする。

Google Chrome OS

Microsoft Windows

Apple iPadOS

さまざまなソフト・アプリ

24　中学校の先生に送ろう

・時　間：7，8／8時間
・準備物：端末，電子ペン（なければ指でもよい）
・ツール：OneNote（クラスノートブック），Microsoft Teams，ボイスレコーダー

1 言語活動の概要

　卒業を間近に控えた子ども達に，中学校でがんばりたいことについて考えさせる。そして，中学校の教師に宛てたメッセージを作成させる。単元では既習表現を活用して，自己紹介，入りたいクラブ活動，楽しみな行事，中学校でがんばりたい教科について伝えられるように十分に慣れ親しませる。そして，OneNote の描画機能を使ってメッセージと内容に合うイラストを描かせる。メッセージを繰り返し読んで練習した後に，メッセージの音声を録音して添付させる。

OneNote で作成したメッセージ

2 事前の準備

　Teams からクラスノートブックを開き，コンテンツライブラリーの中に課題のページを作成する。課題のページには，子ども達が手書きしやすいように罫線や方眼線を設定する。配付するには，Teams で 作成 ，課題 を選択し，リソースの追加 ⇒ クラスノートブック ⇒ コンテンツライブラリー を開き，課題のページを添付する。

課題の添付

3 ICT 活用のポイント

・OneNote（クラスノートブック）上では，教師が子ども達個人のノートにページを加え，書き込むことができる。デジタルのポートフォリオとして，学習した成果を子ども達の手元に残し，積み重ねることができ，小中の連携・接続にも役立つ。

・電子ペンで書くことができるので,「書くこと」の指導に活用することもできる。また, タイピングもできるので, 評価したい内容に応じて手書きとタイピングを使い分ける。

4 活動の手順

発表の準備:7／8時間目(展開)

▶ Teams を開き, 課題を表示させる。

▶ OneNote を開かせ, 描画機能で中学校の教師に宛てたメッセージを手書きさせる。中学校の教師が読みやすいように, 文字は黒で書く等の配慮をさせる。

メッセージの作成

▶内容ができたら, さまざまな色を使って, 内容に合うイラストを描かせる。

▶メッセージが全て完成したら, 繰り返し読み, 練習させる。

▶読み方や発音に不安があるところは, 教師や ALT に尋ねさせる。

▶授業終了後, Teams で子ども達の作品制作の進捗状況を確認する。必要があれば, 指導のコメントを書いて訂正させたり, 次の授業までに個別の指導を行ったりする。

発表:8／8時間目(展開)

▶ Teams の課題を開かせ, メッセージを仕上げさせる。

▶完成したメッセージをグループで読み合い, アドバイスをし合いながら改善させる。

▶ 挿入 から オーディオ録音 を選び, メッセージを読む様子を録音させる。クラスで同時に録音すると騒がしくなるので, 各グループ1人ずつ読ませるなど工夫をする。

▶ OneNote に音声が添付されたことを確認させた後に, 提出させる。

▶提出されたメッセージを, 中学校の教師に送付する。

Tips!

　子どもが発表する内容を OneNote(クラスノートブック)に書かせて, デジタルのポートフォリオとして活用する。6年生の学習だけでも, 夏休みの思い出, 小学校の思い出, 将来の夢等, さまざまな発表の機会がある。原稿を書かせた上で, 録音や録画を添付させ, いつでも振り返られるように OneNote に保存させる。これにより自分自身の成長を実感させられるだけではなく, 既習表現を繰り返し使わせることもできる。

Google Chrome OS

Microsoft Windows

Apple iPadOS

さまざまなソフト・アプリ

25　自己紹介カードを交換しよう

・時　間：2／2時間
・準備物：端末，色鉛筆
・ツール：AirDrop，AirPlay，カメラ

1　言語活動の概要

　挨拶の中で，名前を紹介した後に自己紹介カードを交換させる。第1時では，"Hello. I'm ...." の表現に慣れ親しませる。教師と子ども，子ども同士の順に下のやり取りを実際にさせる。

　　子ども1：Hello. I'm Ken.　　　子ども2：Hello. I'm Aki.

　子ども同士でのやり取りの様子を観察し，相手の目を見て，丁寧に話すなど，互いに気持ちよくやり取りができるようにするにはどうすればよいかなど，英語だけでなくそのときの態度についても，具体例を取り上げて考えさせる。

自己紹介カードを書く子ども

2　事前の準備

　第1時の後半で，右のような自己紹介カードを色鉛筆等で書かせる。カードには，自分の顔と名前，好きなことなどを書かせる。名前は，英語でも日本語でもどちらでもよいこととし，好きなこと等については，野球，ピアノ，算数，りんご，猫などを日本語で書かせる。

3　ICT 活用のポイント

・自己紹介カードを端末のカメラを使って撮影する。右のような縦長のカードの場合は，端末を縦長方向に持ち，画面いっぱいに自己紹介カードを撮影する。何枚も自己紹介カードを作る必要がなく，作業時間の短縮につながり，その分，友達とのカード交換の時間を十分確保することができる。

・写真撮影をした自己紹介カードを，AirDrop を用いてクラスの多くの子ども達と交換をさせる。

自分の顔	
名前（漢字等）	15cm
好きなこと等（日本語）	

8cm

自己紹介カードの例

4 活動の手順

準備：2／2時間目（展開1）

AirDrop を使った写真の共有のやり方を説明する。その際，教師の端末画面を AirPlay を使って画面をミラーリングしながら説明するとよい。

▶端末のカメラの 写真 モードを使って，完成した「自己紹介カード」を撮影させる。

▶ AirDrop を使って，撮影した写真を教師に転送させる。

※撮影した写真を開く⇒端末の右上にある  をタップ⇒ AirDrop ボタン  をタップ⇒教師のプロフィール画像あるいは端末の番号をタップ⇒写真が転送される。

▶ AirDrop を使って，教師の写真を子ども達に受け入れさせる。

※教師が子ども達の端末に写真を転送⇒子ども達の端末に右のような通知が表示⇒ 受け入れる をタップ⇒写真が共有される。

AirDrop
"iPhone"が1枚の写真を共有しようとしています。

辞退　　　受け入れる

AirDrop の通知

自己紹介カードの交換：2／2時間目（展開2）

▶教師同士あるいは教師と子どもの代表がモデルとなって，自己紹介カードの交換の仕方を見せる。

A：Hello. I'm Ken. 僕は野球が好きです。
　　（端末の画面を見せながら言う。）

B：Hello. I'm Aki. 私はイチゴが好きです。
　　（端末の画面を見せながら言う。）

この会話の後，AirDrop を使って，「自己紹介カード」を交換させる。

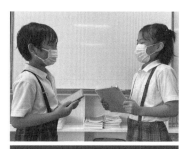

自己紹介カードを交換する

▶近くの子ども同士で自己紹介カードの交換をする。操作に慣れていない子どもが多い場合は，ペアを組むなど，2人以上で協力して操作できるように配慮する。

▶最後に活動の感想を出し合わせる。

Tips!

> AirDrop は写真などを簡単に共有することができるとても便利な機能である。便利なだけに使うときのルールを学校全体で決めておく必要がある。基本的に使用できるのは授業中で，教師の指示があったときだけにしておくとよい。

26　グリーティングカードを作ろう

・時　間：3，4／4時間
・準備物：端末，電子ペン
・ツール：Pages

1　言語活動の概要

　ここでは，いろいろな形の言い方に慣れ親しむために，次のやり取りをペアの友達として，いろいろな形を集めて，グリーティングカードを作る。

A：What do you want?

B：Stars, please.

A：How many?

B：Two, please.

A：OK.

B：Thank you.

Pages で作成したカード

　それぞれの形を好きな色に変えてカードを完成させ，でき上がったら，ペアで "Two yellow stars." などと形の色と数とを紹介させる。

2　事前の準備

　事前に誰に，どのようなカードを，どのような思いを込めて贈るかを決めさせる。端末で使える電子ペンを用意しておくと，上のカード作品のように手書きで文字を書いたり，簡単な絵を描いたりすることができるので，より工夫したカードを作ることができる。

3　ICT 活用のポイント

・Pages を使ってグリーティングカードを作る。

・いろいろな図形を選ぶ。

　　+ をタップし，🗐（図形とテキスト）をタップする。次に 基本 をタップすると，さまざまな形（四角形，円，三角形，星など）や，記号 をタップすると，ハートの形をページに追加することができる。

・図形に色塗りをする。

　　色を変えたい図形をタップする。次に 🖌 をタップし，スタイル を選択して好きな色をタッ

プすると図形の色を変えることができる。配置をタップし，回転をタップするか，角度の値を入力すると図形を回転することができる。

・手書きで文字を書く。

電子ペンを使う場合は，電子ペンでページをタップし，画面下部の描画ツールバーからクレヨンをタップし，描画領域に文字を書く。指を使う場合は，+をタップし，🖼をタップする。次に描画をタップして，電子ペンと同様に文字を書く。書いた文字を自由に移動するには，文字をタップしてから，📝をタップし，テキストとともに移動をオフにする。

・保存する。

⚙をタップし，共有⇒ファイルに保存をタップし，保存をタップする。

・最後に教師は，このカードをプリントアウトして子どもに渡す。

4 活動の手順

いろいろな形の収集：3／4時間目（展開）

▶ペアになり，Pages をたち上げた端末を互いに交換させる。次に，先に示したようなやり取りをさせて，相手の欲しい形を必要な数だけ相手の端末のページに貼り付けさせる。

グリーティングカードの作成：4／4時間目（展開）

▶前時に貼り付けてもらったいろいろな形の色や大きさ，角度などを変えて配置する。
▶ 'HAPPY BIRTHDAY' や 'THANK YOU' などの英語の手本を見ながら大文字で書き込ませる。
▶ペアで完成したカードを見せ合い，どのような色のどのような形があるのかを言い合う。
▶最後に活動の感想をワークシートに書かせる。

Tips!

　完成したグリーティングカードは，教師が郵便はがきに印刷して手渡したり，郵送したりさせてもよい。その際，余白にメッセージを手書きで追加させてもよい。また，Pages では，電子ペンを使って手書きした文字が自動的にテキストに変換できる機能もあるので，時間があれば子ども達に紹介するとよい。

27　世界は今何時？

- 時　間：3，4／4時間
- 準備物：端末
- ツール：Siri，Maps，AirPlay，スクリーンショット

1　言語活動の概要

　子ども達はここまで，天気の言い方と曜日の言い方に慣れ親しんできている。ここでは，時刻の尋ね方に慣れ親しみ，世界には時差があることを知らせる。子ども達は，Maps を起動して世界地図を見ながら大都市などの時刻を Siri（音声アシスタント機能）に英語で質問する。

聞き取った時刻をメモする

　　子ども：What time is it in New York?

　　　　　　（下線部分に尋ねたい国名や都市名を入れさせる。）

　　Siri：In New York City, NY, US, it's 11:10.

2　事前の準備

　教師は，使用する端末で Siri が英語で使用できるように事前に設定しておく。言語は，英語（アメリカ合衆国），Siri の声はアメリカ（声4）に設定する。また，自分が話した内容と Siri が言った内容を画面に常に表示するように設定する。Siri の起動は，端末のホームボタンを長押しするか，ホームボタンがない端末では，トップボタンを長押しする。

3　ICT 活用のポイント

　子どもは，Siri に英語で時刻を尋ねて，その答えを聞き取る。Siri の声がよく聞こえるようにイヤホンを用意しておく。自分が言った質問と Siri が答えた内容を画面表示するので，Siri が言い終わった直後にその画面をスクリーンショットに撮り，答えを確認する。スクリーンショットを撮るには，ホームボタンがある端末ではホームボタンとトップボタンを同

画面表示の例

時に押し，ホームボタンがない端末では，トップボタンと音量を上げるボタンを同時に押す。

4 活動の手順

Siri の使い方に慣れる：3／4時間目（展開）

▶ Maps を起動させ，東京を画面上に表示させた状態で，Siri を
呼び出し，"What time is it in Tokyo?" と尋ねさせる。Siri の
答えの後，スクリーンショットを撮り，答えを確認させる。
※時刻が24時間表示の場合は，12時間表示に変更してもよい。
子どもが分かりやすい方を選択させる。（設定⇒日付と時刻⇒
ステータスバーに午前／午後を表示）

▶同様に，ロンドン，サンフランシスコ，ニューヨークの時刻を
尋ね，それぞれの時刻を確認させる。これらの4か所を別々に
すると時刻が少しずつ変わってくるので，「1班は東京」「2班
はロンドン」のように分担して，同時に時刻を尋ねさせてもよ
い。

関東の地図

Maps 上で Siri に尋ねる

世界の時刻を Siri に尋ねる：4／4時間目（展開）

▶各自の端末で Maps の世界地図から時刻を知りたい国や地域，
大都市などを探させる。

▶都市が決まったら，Siri を呼び出し，"What time is it in
＿＿＿?" と時刻を尋ねさせる。

▶ Siri が言う英語から時刻を聞き取らせる。Siri が答えた内容
が画面表示されるのでその画面をスクリーンショットで撮影
させる。

▶スクリーンショットを AirPlay を使って提示し，場所と時刻，
気が付いたことなどを発表させる。

▶最後に活動の感想をワークシートに書かせる。

Siri に尋ねる子ども

Tips!

　Siri の活用として，「時刻」の他に，「天気」"How's the weather in New York?" や
「日付」"What day is it in New York?" なども質問として使うことができる。回答は長く
なることが多いので，画面をスクリーンショットで撮影させることが有効である。また，
Siri に英語でさまざまな質問をさせることで，英語に関心を持たせることができる。

Google Chrome OS

Microsoft Windows

Apple iPadOS

さまざまなソフト・アプリ

28　文房具当てクイズを作ろう

・時　間：3，4／4時間
・準備物：端末，モニター
・ツール：Photo Booth，AirPlay

1　言語活動の概要

　文房具など学校で使う物の言い方に慣れさせるために，画像を使ったクイズを作らせる。具体的には，文房具などを5種類選び，Photo Booth を使って画像に撮らせ，それが何かを言い当てるクイズをさせる。答える側の子どもが何が写っているか分かったら，"Do you have a <u>pen</u>?" と尋ねさせる。もしそれが入っていれば，"Yes, I do." と答えさせ，ない場合は，"No, I don't." と答えさせる。
　クイズ作りは，3，4人のグループでする。

Photo Booth を使って
写真を撮る子ども達

2　事前の準備

　クイズ用に画像撮影するための文房具などを最低5種類用意させておく。それぞれの文房具などは，1種類1つずつとし，複数にならないようにさせる。また，文房具を選ぶ場合には，色や形，大きさなどを考えて，簡単に答えがでないような配置の仕方を考えさせる。

3　ICT 活用のポイント

　Photo Booth を起動し，「ボールペン，鉛筆，消しゴム，ホッチキス，スティックのり」を並べた画面は，右のようになる。中央には標準画像，そしてその周りには8種類の特殊効果を施した状態の画像を表示できる。子ども達は，なるべくクイズを難しくする特殊効果を選ぶようにする。「万華鏡」や「光のトンネル」を選ぶ子どもが多くなる。

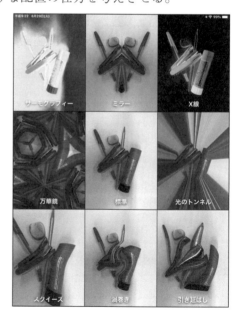

　右の画面でどれか1つを選んでタップすると，その画像を大きく表示できる。また，スクリーン中央下には，次ページのようなマークがでてくる。

| 8種類のエフェクト一覧の画面に戻る | 画像撮影するときにタップする | フロントカメラとリアカメラとの切り替え |

Photo Booth の基本機能

画像のサイズを変えるには，画面を２本の指でピンチアウト／ピンチインする。

4 活動の手順

Photo Booth でクイズ画像の撮影：3／4時間目（展開）

▶ Photo Booth を起動させ，グループで５種類の文房具などを使った画面を撮影させる。その際，それぞれの英語表現を友達同士で確認させておく。状況によっては，さらに多くの文房具を使ってもよい。

▶ 画像は特殊効果を替えながら，３枚程度撮影させ，クイズのときに提示する順も考えさせる。

クイズ：4／4時間目（展開）

▶ AirPlay を使って，画像をモニター画面に提示してクイズを始める。何があるか気付いた子どもは，モニター画面上を指さしながら "Do you have a pencil?" などと尋ねさせる。正解の場合は，"Yes, I do."，不正解の場合は，"No, I don't." と答えさせる。全て合致するまでこれを繰り返させる。

▶ クラス全体でクイズを出し合う他に，２つのグループでクイズを出し合うこともできる。その際は，端末の画面を直接見せ合うようにさせる。

▶ 最後に活動の感想をワークシートに書かせる。

「万華鏡」にした場合

「光のトンネル」にした場合

Tips!

　ここでは，写真に撮ることでクイズ作りをさせるが，写真を撮るのではなく，端末を左右上下に動かすことで画像が変化していく様子をライブで見せながら，クイズにすることもできる。

Google Chrome OS

Microsoft Windows

Apple iPadOS

さまざまなソフト・アプリ

29　オリエンテーリング風校内探検を楽しもう

・時　間：3，4／4時間
・準備物：端末，モニター
・ツール：Keynote，AirPlay，カメラ

1　言語活動の概要

　教科名や教室の言い方に慣れるために，端末にある英語のビデオを視聴して指示された行動をしたり，指定された場所に行きながら校舎内をオリエンテーリング風にグループで移動する。また，自分が気に入っている場所を言う場面も設定する。そこでは，教師と子どもが1対1で次のような会話をする。

教師と子どもが話している様子

　教　師：What is your favorite place in our school?

　子ども：This is my favorite place, the English room.

この様子をビデオで撮影し，子どもの学習状況の把握に役立てる。

2　事前の準備

端末を4台用意し，それぞれの場所で使えるようにしておく。

※子どもの数によって，端末の台数や立ち寄る教室等の数を増やすなどの調整をする。

①理科室用　写真撮影を指示する内容のビデオ

　Hello. This is the science room. Take a picture of a microscope with your iPad. Next, go to the gym.

②体育館用　ビデオ撮影を指示する内容のビデオ

　Hello. Welcome to the gym. Have two students jump rope ten times. And take a video. Next, go to the library.

③図書館用　教師と子どもが話している様子を教師の端末でビデオ撮影する

　（会話例）　教　師：This is my favorite place, the library.

　　　　　　　　　　　I like reading books. What is your favorite place in our school?

　　　　　　　子ども：I like the playground.

④玄関用　教室等を英語で言わせて，ビデオ撮影を指示する内容のビデオ

　Hello. This is the entrance. What room is this? Please say, and take a video.（音楽室，家庭科室，図工室，職員室の写真が順に示される）Next, go back to the classroom.

3　ICT 活用のポイント

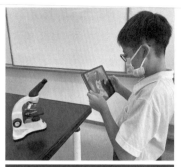

理科室で顕微鏡の写真を撮る

・指示用のビデオは教師が作成し，各場所に置いてある端末で視聴できるように配置しておく。

・子どもは各自の端末を持ち，各場所で写真やビデオを撮影する。

・教室に戻ってから，子どもは，Keynote を使って，①②④で撮影した写真とビデオを３枚のスライドショーにまとめ，４枚目には活動の感想を日本語で書く。具体的には，挿入⇒選択から写真やビデオを挿入し，テキストから文字を挿入する。

4　活動の手順

校内探検：３／４時間目（展開）

スライドショーにまとめる

▶3，4人のグループを組ませ，それぞれ指定された順に①から④の場所を訪問させ，そこに設置されている端末にあるビデオを試聴させる。

▶子ども達は，ビデオの指示通りの行動をした後に，教室に戻る。

▶教室で，子ども達は各自の端末で Keynote を使って，撮影してきた写真とビデオを使ったスライドショーを作成させる。

スライドショーの発表：4／4時間目（展開）

▶グループ内で各自の端末の画面を直接見せ合いながらスライドショーを発表し合い，相互評価をさせる。最後に，グループの代表者を決める。

▶代表者は順に AirPlay を使って，各自のスライドショーをモニターに提示して発表をさせる。発表後，相互評価をさせる。

▶最後に活動の感想をワークシートに書かせる。

Tips!

　Keynote はプレゼンテーション用ソフトである。アニメーションを使ってより効果的に表現したり，発表者ノートを使って原稿を自分だけ見ながら発表したりするなど，さまざまな機能が使えるようになると，発表することが楽しみになる。

30　誕生日をたずねよう

・時　間：5，6，宿題，7／8時間
・準備物：端末
・ツール：Numbers

1　言語活動の概要

　ここでは，誕生日を尋ね合う場面を設定して，そこで使う表現に慣れ親しませる。具体的に
は，下のようなやり取りをして，友
達や家族の誕生日を尋ね合わせる。
また，その結果を表にするために，
1月から12月までを英語で入力させ
る。

　A：When is your birthday?
　B：My birthday is October 27th.

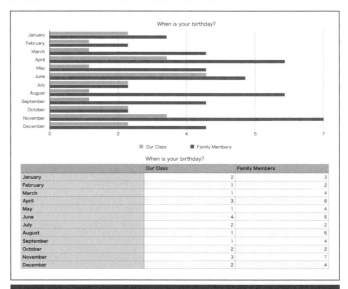

Numbers で作成したグラフと表

2　事前の準備

　誕生日を尋ねる相手として，状況
が許せば，家族（父母，兄弟姉妹，
祖父母など）まで広げる。子ども達
には英語で誕生日を尋ねるように指示する。家庭には，事前に英語の宿題であること，どのよ
うな表現のやり取りをするか，英語で答えられない場合は日本語で答えてもよいことなどを伝
えておく。宿題の期間を1週間とし，なるべく多くの家族に尋ねるようにする。

3　ICT 活用のポイント

　Numbers を使って，誕生日のインタビュー結果を表とグラフにする。
・テンプレートを選ぶ。
　テンプレートを選択→基本→表とグラフをタップする。
・表を完成する。
　項目1をタップし，右下のキーボードをタップし，キーボードを表示し，January から
December まで項目を英語で入力する。項目の追加は，表の一番左にある行数の下の = を

タップするか，下にドラッグする。次に，カテゴリA をタップし，先の項目を入力したとき
と同様に 'Our Class' を，カテゴリB には 'Family Members' を入力する。さらに，表1 をタ
ップして，同様に "When is your birthday?" と入力する。
・グラフを完成する。
グラフ1 をダブルタップして，"When is your birthday?" と入力する。次に，シート上のグ
ラフ をタップして，✎ ⇒グラフ のグラフタイプ をタップし，2 D横棒 を選択する。グラフ
のデータ範囲を編集するには，再度グラフ をタップし，参照を編集 をタップした後に，表中
の選択ボックスの隅の青いドットを範囲に入れたい月までドラッグする。

4 活動の手順

表の作成：5／8時間目（展開）

▶各自で Numbers にあるテンプレートを使って，表やグラフのタイトル，月の名前を英語
で入力させる。ペアやグループになって友達と助け合いながら作業をさせる。

グループでの誕生日インタビュー：6／8時間目（展開）

▶事前の練習として，グループで誕生日を尋ね合い，表に人数を入力させる。

▶次に，グループでインタビューする相手の担当を決めて，インタビューをさせる。誕生日
が分かったら，表に人数を入力させ，グループでインタビューの結果を1つの表にまとめ
させる。

家庭でのインタビュー：宿題

▶家族の誕生日を尋ねてメモをさせる。端末を自宅に持ち帰れる場合は，表に入力させる。

家族の誕生日のデータをまとめさせる：7／8時間目（展開）

▶グループで家族の誕生日のデータを集計した後，クラス全体で集計し，気が付いたことを
発表し合わせる。

Tips!

Numbers には多様なテンプレートがある。それらを使うことで短時間でデータをグラフ
化することができる。外国語だけでなく他の学習でも活用できる。

31 ランチメニューを見て注文しよう

・時　間：4，5，6，7，8／8時間
・準備物：端末，電子ペン
・ツール：Pages，AirDrop，AirPlay

1 言語活動の概要

　ここでは，レストランでの注文の場面を設定して，そこで使う表現に慣れ親しませる。具体的には，次のようなやり取りをして，いろいろな料理などの絵を集めさせる。

A：Welcome to our restaurant.

B：Menu, please.

A：Here you are. What would you like?

B：I'd like steak, rice, salad and soda, please.

A：Yes. Here you are?

B：Thank you.

Pages で作成したランチメニュー

2 事前の準備

　グループを決め，どのようなランチメニューにするかを話し合わせる。メニューが決まったら，誰がどの絵を描くのか分担を決めさせる。また，絵を描くときには，端末で使える電子ペンが必要になるので，事前に使えるように用意しておく。

3 ICT 活用のポイント

　Pages を使って，ランチメニューを作る。

・いろいろな料理などを描く。

　　+ をタップし，次に 🖼️ ⇒ 描画 をタップする。すると描画領域がでてくる。画面下部のツールバー ペン，鉛筆，クレヨン，塗りつぶしツール から必要なアイコンをタップして描画する。これにより，線の太さや色を自由に変えることもできる。描いた画像を自由に移動するには，その画像をタップしてから， 🖌️ をタップし，テキストとともに移動 をオフにするとよい。

・注文された料理などの個別画像を相手に送る。

メニュー上から送りたい画像をタップし，共有⇒AirDrop⇒相手のデバイスのアイコンをタップして画像を送る。

・送られてきた画像を各自が作成したトレイの上に配置する。送られてきた料理の背景は透明になっているので，トレイの色は白色にしておく。

注文したものをトレイに配置する

4 活動の手順

ランチメニューの作成：4，5／8時間目（展開）

▶グループで決めたランチメニューにある料理の絵を描く分担を決めさせる。各自の端末でPagesを使い，料理の絵の下に料理名の英語を小文字で書き入れさせる。次に，各自が作成した料理の絵をAirDropを使って，各自のPagesの新しいページに集め，それらを使って各々がランチメニューにまとめる。

注文の練習：6／8時間目（展開）

▶前時までに作成した各自のランチメニューを使って，英語で注文されたものをAirDropで送ったり受け取ったりする練習をさせる。最後に，集めた絵をPagesの1枚のページに作ったトレイの上に配置する練習をさせる。

注文のやり取り：7，8／8時間目（展開）

▶クラスを「お客さん」グループと「レストランの人」グループとに分け，前時に練習したやり方で注文をさせる。1回目が終わった後で相互評価させてから，2回目を行わせる。

▶各自がトレイに集めた料理をAirPlayを使って紹介させる。

▶最後に活動の感想をワークシートに書かせる。

Tips!

　教師は，各グループのランチメニューをAirPlayやApple クラスルームを使って紹介し，どのグループのレストンに行きたいかを考えさせながら，意欲的な活動につなげる。また，はじめから個人でランチメニューを作って活動させる場合には，早く完成した子どもが他の子どもの作業を助けるなどの工夫をする。

32　町紹介ワードリストを作ろう

- 時　間：2，3，4，5，6，7，8／8時間
- 準備物：端末，絵カード
- ツール：Clips，Apple クラスルーム，AirDrop

1　言語活動の概要

　子ども達が住む町を紹介するとき，英語でどのように言えばよいのか分からないことがよくある。

　例えば，"This is *okonomiyaki*. It's a famous food in Osaka. It's very delicious." のように，「お好み焼」を英語でどのように言えばよいかである。そこで，ここでは，Clips を活用して，町紹介のワードリストを音声付きで作成し，リストから自分で発音や綴りを調べることができるようにする。町紹介には，お好み焼のような食べ物だけでなく，建物や自然，そして，お祭りなど多様である。リストとして保存して何年も使えるだけでなく，それらをもとに新たなリストを作ることもできる。

「お好み焼」の例：英語の音声も録音されている

2　事前の準備

　はじめに，グループ活動として自分達が住む町のどのようなところを紹介したいかを話し合わせ，日本語でリストを作成させる。次に，それらの写真や絵を，インターネットを活用したり，教師に相談したりして事前に用意させる。また，教師は，子どもが作成した日本語リストを英語表記にした絵カード（A4版）をプリントアウトして掲示し，毎時間発音練習をクラス全体で行い，英語での言い方に慣れさせる。

3　ICT 活用のポイント

　Clips を起動し，一番下の  をタップし，背景にしたい写真を挿入する。次に，☆をタップすると次ページのような，新たなアイコンがでてくる。左から2番目を選択すると，ライブタイトル（画面上の字幕の種類と位置）を決めることができる。その横の Aa をタップすると，テキストの種類を選ぶことができる。一度決めたラ

イブタイトルやテキストは，ビデオクリップを保存する前には何度でも変更できるので，便利である。

ライブタイトルの種類を選ぶ

テキストの種類を選ぶ

Clips の基本機能

　録音（前ページの例では，*okonomiyaki* と言っている）するときは，前ページにある☆の上にある赤色を長押しするか，右から左にスワイプすると録画することができる。作成したビデオクリップは，それぞれの端末のフォトライブラリーに保存される。

4 活動の手順

Clips を使ってワードリストの作成：2，3，4／8時間目（展開）

▶ Clips を起動させ，グループの中で分担してビデオクリップを作らせる。キャプションが正しく綴られるまでやり直す。雑音が少ない所で録音させる。最後にフォトライブラリーに保存させる。

発表の練習：5，6／8時間（展開）

▶前時に作成したビデオクリップを視聴して，発音を確かめさせる。また，Clips に自分の発表の英文を読んで録画し，キャプション（字幕）が自分の原稿通りに正しく表示されているかを確認させる。何度も練習した後，グループ内で発表し合って，相互評価をし合う。

発表：7，8／8時間（展開）

▶発表会をする。はじめにグループで作ってきたビデオクリップを視聴させ，その後，それぞれの発表を画像を見せながらライブで行わせる。
▶最後に活動の感想をワークシートに書かせる。

Tips!

　Apple クラスルームが使える学校では，子ども達が作成したビデオクリップを教師の端末に保存することができる。また，AirDrop で子どもから直接ビデオクリップを送ってもらい，教師が全員のビデオクリップを保存し，町紹介のワードリストとして整理しておくと，他の機会に活用することもできる。

33　アルファベットを言ってみよう

・時　間：1，2／2時間
・準備物：端末，イヤホン
・ツール：Clips

1　言語活動の概要

　ここでは，アルファベットの大文字と小文字の文字の形に慣れ親しませるとともに，アルファベットの文字の音声を確かめさせる。高学年の段階での文字指導では，アルファベットの文字や簡単な単語を書く活動だけなく，それらを音読する活動を大切にする。そこで，遠隔授業でも子ども自身が自分の発音の状況を確認できるように，Clips を活用する。

ABCDEFGHIJKLMNOPQRSTUVWXYZ

ABCDEFGHIJKLMNOPQRSTUVWXYZ

（例1）上段には，入力した文字。
下段は，文字を読んで認識された文字

2　事前の準備

　アルファベットの文字を書き写すためのノートやワークシートを事前に配付しておく。また，録音された自分の声をしっかり聞き取るためにイヤホンを事前に用意させておくとよい。

3　ICT 活用のポイント

・ポスターにアルファベットの文字を入力する。
　Clips を起動し，🖼 をタップしてからポスターをタップし，背景にしたいポスターを選ぶ。次にテキストをタップし，画面下方にでてきたキーワードを使って文字を入力して，最後に右上にある適用をタップする。
・ライブタイトル（画面上の字幕の種類と位置）を決める。
　☆をタップし，吹き出しをタップするといろいろなライブタイトルがでてくる。ここでは，ヘッドライン（大文字で表示される）とオプティカル（小文字も表示できる）の2つを使用する。
・録画再生する。
　☆の上にある赤色を長押しするか，右から左にスワイプして，音読したものを録画する。録

画したものは画面下段にでているので，再生をタップすることで再生し，自分の発音を確認する。クリップを保存をタップすると，各ビデオクリップは，端末のフォトライブラリーに保存できる。不要なものは，削除をタップすると削除できる。

4 活動の手順

アルファベットの文字の発音確認：1／2時間目（展開）

▶ AからZまでの大文字を見ながら音読し，間違いなく音声認識されて正しく自動キャプションされるまで何度もチャレンジさせる（例1）。ライブタイトルは，ヘッドラインを使用させる。

▶ aからzまでの小文字を見ながら音読し，間違いなく音声認識されて正しく自動キャプションされるまで何度もチャレンジさせる。ライブタイトルは，オプティカルを使用させる。

▶ 録画した映像を発表させる。

▶ ワークシートに，アルファベットの大文字と小文字を順に書かせる。

（例2）キーボードにある
アルファベットを使う

クイズ：2／2時間目（展開）

▶ 身近にある物で英語表記のある物を写真に撮らせ，その写真を背景にして，その綴りを好きなライブタイトルを使って録画させ，発表させる（例2）。

▶ 教科書にある単語の綴りをバラバラに入力させて，並び替えクイズを作らせる。出題者は，バラバラにした綴りを文字ごとに読んで出題する。回答者は，それをノートにメモした後，好きなポスターに入力させ，並び替えてできた単語を好きなライブタイトルで録画して，発表させる（例3）。

inlecp

Pencil

（例3）並び替えクイズ
（答えは pencil）

▶ 最後に活動の感想をワークシートに書かせる。

Tips!

　遠隔授業の場合の個々のビデオ発表は，可能であれば少人数に分かれてミーティングさせるとよい。また，画面共有を使って発表させたり，クイズを出題したりさせるとより効果的である。ライブタイトルは，音声認識による自動キャプション生成のことである。キャプションの位置や表示のし方によって14種類のライブタイトルが用意されているので，画面構成などを考慮して選ぶことができる。

34 日本を紹介しよう

・時　間：3，4，5，6，7，8／8時間
・準備物：端末，モニター
・ツール：Maps，Keynote，AirPlay

1 言語活動の概要

　ここでは，日本全国に視野を広げ，子ども達が見つけた日本のよさについて発表させる。ALTや保護者などを聞き手として，聞き手のことを意識して発表することを大事にさせる。

　具体的には，"Welcome to Japan. We have many castles in Japan. This is Osaka castle. It's very beautiful. You can go inside. Please visit Osaka. Thank you." などと言いながら，Keynoteで作成したスライドショーを見せる（下線の部分）。

Mapsの3D表示で見た大阪城

2 事前の準備

　日本の観光地や自然，食べ物やお祭りなど，社会科などの他の授業や，過去に行った旅行先での経験などを思い浮かべながら，紹介してみたいことを各自1つ

大阪城公園全体を見たところ

決めさせておく。また，それについて，インターネットや図書館にある本などで調べさせておく。英語での言い方については，ALTや教師に尋ねるなどして，発表原稿を英語で書かせておく。

3 ICT活用のポイント

　Mapsを起動し，一番上にある設定をタップすると，右のようなマップの設定画面が現れ，ここでは，航空写真を選択し，交通情報とラベルをオフにしておく。

　紹介したい場所を見つけ，3Dをタップすると，

３Ｄマップでリアルな画像になる。２本の指でねじるようにドラッグすると マップが回転する。また，双眼鏡をタップすると，双眼鏡の場所から見た360度のパノラマ写真を見ることができる。それぞれ気に入った画像をスクリーンショットで撮り，Keynote に貼り付けてスライドショーを作成する。食べ物やお祭りなどは，代表的な産地や行われている場所について地図上で探すなどの工夫をして，楽しい画面を作成する。

大阪城の画像

双眼鏡アイコンで見た
大阪城

4 活動の手順

Maps と Keynote でのスライドショーの作成：3，4，5，6／8時間目（展開）

- ▶ Maps を起動し，航空写真を３Ｄマップにして，紹介したいところやそれに関係が深い場所を見つける。
- ▶拡大や回転をさせたり，双眼鏡で見たりして，説明に合った航空写真のスクリーンショットを撮る。
- ▶それらを Keynote に貼ったり，英語のキャプションを入れたりしてスライドショーを完成させる。
- ▶また，Keynote の録音を使って，スライド１枚ずつに音声を入れてもよい。

発表：7，8／8時間目（展開）

- ▶ AirPlay を使って，それぞれのスライドショーをモニターに写し出して発表させる。
- ▶最後に活動の感想をワークシートに書かせる。

画面収録アイコン

Tips!

　Maps で表示した地図を拡大したり，上下左右に移動させたり，回転させたりする様子を画面収録を使って録画することができる。例示した大阪城では，大阪城公園から大阪城にズームインしたり，回転させて大阪城を360度見せたりすることができる。Keynote を使わず，Maps だけを使ってライブで発表させることもできる。この場合，発表の様子をビデオ撮影することで記録に残すことができる。

Google Chrome OS

Microsoft Windows

Apple iPadOS

さまざまなソフト・アプリ

35　将来の夢を発表しよう

・時　間：3，4，5，6，7，8／8時間
・準備物：端末，モニター
・ツール：Keynote，AirPlay，カメラ

1　言語活動の概要

　ここでは，自分が将来就きたい仕事についてスライドショーを見せながら発表させる。具体的には，"Hello. My name is Tanaka Kei. I want to be a soccer player. I want to play soccer in Italy. Thank you for listening." などの表現を使わせる。スライドショーの作成については，Keynote を活用させる。

2　事前の準備

　将来の夢については，事前に子ども達にアンケートを取っておいて，各自の夢を把握する。中には「夢が思い付かない」という子どもがいるので，教師は，個別に興味のあることなどを話させるようにする。また，Keynote を使ったプレゼンテーションは，外国語の時間以外の学習でも行う機会を設けるようにする。

下段が発表者ノート

3　ICT 活用のポイント

　Keynote を使って，以下のような機能を活用してプレゼンテーションを作成する。最終的には，各自5枚程度のスライドにまとめる。

・端末のカメラで写真やビデオを撮影し，直接スライドに挿入する。

　　+ をタップし，一番右にある イメージ ⇒ カメラ をタップし，写真やビデオを撮影する。その後，写真（ビデオ）を使用 をタップするとスライドに追加できる。

・テキストを挿入する。

　　+ をタップし，右から2番目の 図形 ⇒ 基本 ⇒ 左上にある テキスト をタップし，スライドにテキストボックスを追加し，テキストを入力する。

・アニメーション機能を追加する。

　スライド上にあるイラストなどのオブジェクトをタップし，アニメーションをタップすると，ビルドインを追加（出現させる），アクションを追加，ビルドアウトを追加（消す）のアイコンをタップして必要なアニメーションを追加する。

・発表者ノートを表示する。

　画面上部にある ▮▮ をタップし，発表者ノートを表示をオンにする。

4 活動の手順

スライドショー作成の準備：3，4／8時間目（展開）

▶自分が将来就きたい仕事となぜそう思うのかについて，教師の指導を受けながら英文の発表原稿を作成させる。

スライドショーの作成：5，6，7／8時間目（展開）

▶写真やビデオ，イラスト，テロップを挿入し，必要に応じてアニメーションの効果を追加する。最後に「発表者ノート」を作成し，それを見ながら発表の練習をする。

▶全体での発表の前に，グループ内で発表練習をして，相互評価をさせる。

発表：8／8時間（展開）

▶ AirPlay を使い，それぞれのプレゼンテーションをモニターに写し出して発表させる。

▶最後に活動の感想をワークシートに書かせる。

プレゼンテーションの例

Tips!

　よいスライドを作っても，発表するときに視聴者のことを考えずに，各スライドの提示時間が十分でないことをよく見かける。練習では，⚙ をタップしてスライドショーをリハーサルを選択し，一番上にある時計をタップし，タイマーにして時間を意識しながら練習させることもできる。

36　クラスの思い出ムービーを作ろう

- ・時　間：3，4，5，6，7，8／8時間
- ・準備物：端末，モニター
- ・ツール：iMovie，AirPlay

1　言語活動の概要

　ここでは，学校行事や学年・クラスでの活動を思い出としてビデオにまとめて発表させる。既習の動詞の過去形を用いて，映像を解説する英文のテロップを入れたり，それを音読して音声を追加させたりする。

　具体的には，"We went to Tokyo on a school trip on October 5th and 6th. We visited Tokyo Tower. We saw Mt. Fuji from there. It was very beautiful." などの表現を使わせる。

We saw Mt. Fuji from there.

富士山が遠くに見える風景の画像

映像にテロップを入れる

2　事前の準備

　教師は，4月から学校行事や学年・クラスでの活動を動画や写真に撮っておく。後で子ども達がビデオを編集しやすいように，撮影には，子ども達が使う端末と同種類の端末を使い，画面は横長にして撮影する。また，集合写真も挿入し，どの子どももビデオに登場できるように配慮する。作業を開始する前に，2，3人のグループを作り，担当する行事等を決めさせる。担当が決まったら，教師から関連する動画ファイルや写真データを受け取らせる。

3　ICT活用のポイント

　iMovieを使って，次のような編集をする。最終的に各グループで2，3分の動画にまとめる。

- ・1つの動画を2つの別々の動画に分割する。

　分割したい位置に再生ヘッドを置き，アクションボタン⇒分割をタップする。不要な部分は，削除をタップして削除する。

- ・音量を調節する。

音量をタップし，音量スライダを左右にドラッグして音量を調整する。

・テロップを入れる。

　テキストを入れたい部分で T（タイトル）をタップし，好きなテロップを選択し，テキストを入力する。アフレコをするのでテロップの表示時間は長めにする。

・アフレコナレーションを入れる。

　録音したい位置に再生ヘッドを置き，マイクロフォンをタップして音声を入力し，音量スライダで音量を調整する。

・編集が終了したら，完了をタップする。

4 活動の手順

動画編集の準備：3，4／8時間目（展開）

▶教師から受け取った動画や写真から必要なファイルを選び，挿入するテロップを英文で完成させる。英文は教師の指導を受けて作成させる。

動画編集：5，6，7／8時間目（展開）

▶動画を分割したり，他の動画をつなげたりして2〜3分のビデオを作成させる。必要に応じて写真も追加させる。音量調整やテロップの追加，テロップを読み上げるアフレコなどをして完成させる。アフレコについては，グループのメンバーで協力し合って英文音読の練習をし，どの子どもも最低1分程度は読むようにさせる。

アフレコする子ども達

発表：8／8時間（展開）

▶ AirPlay を使って，それぞれの画像をモニターに写し出して発表させる。

▶最後に活動の感想をワークシートに書かせる。

Tips!

　各グループで作成したビデオを1本の動画にまとめるのは，教師か子どもの代表がするとよい。iMovie では，BGM を追加することもできるので，1本の動画にした後で好きな曲を追加してもよい。

Google Chrome OS

Microsoft Windows

Apple iPadOS

さまざまなソフト・アプリ

Chapter4

さまざまなソフト・
アプリでできる！
ICT ＆１人１台端末
活用アイデア

1 一番人気のフルーツを調査しよう

・時　間：2／4時間
・準備物：端末，モニター
・ツール：Mentimeter，（Microsoft Teams）

1 言語活動の概要

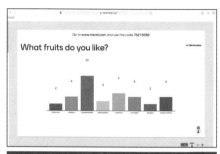

子ども達の回答を確認する様子

　"What fruit do you like?" の表現を使って，クラスの友達に好きなフルーツのインタビューをさせる。単元では，好きな色や好きなスポーツのインタビューも行う。扱う語彙は，子ども達の要望を聞きながら，実態に応じたものを用意する。尋ねたり答えたりする表現に十分に慣れ親しませてから，クラスの友達にインタビューを行わせる。自分がインタビューした結果をもとに，クラスで最も人気のあるフルーツを予想させる。最後に Mentimeter を使って，全員に投票させ，クラスで最も人気のあるフルーツが何かを確認する。

2 事前の準備

選択肢の作成

　教師のみ Mentimeter のアカウントを作成し，子ども達が慣れ親しんだフルーツの語彙を選択肢に設定する。文字だけではなくイラストも挿入すると分かりやすくなる。子ども達は，アカウント作成の必要はないが，Mentimeter アプリケーション（無料）をダウンロードさせておくと，スムーズにアンケートにアクセスできる。

3 ICT 活用のポイント

・従来のように，クラスで最も人気のあるものについて確かめる際，子ども達の挙手の数を数えていた時間を短縮することができる。
・投票は，リアルタイムでグラフにでるので，結果を視覚的に理解しやすい。
・グラフの中に自分の票も入っているので，一人一人の参加意識を高めることができる。

4 活動の手順

やり取り：2／4時間目（展開）

▶ タイマーをモニターに映し，クラスの友達の好きなフルーツを尋ねさせる。

　A：Hello.　What fruit do you like?

　B：Hello.　I like pineapples.

　A：Nice!　Thank you.（ワークシートにメモをする。）

　B：What fruit do you like?

　A：I like strawberries.

　B：Great!（ワークシートにメモをする。）Thank you.　Bye.

▶ 設定した時間が来るまで，次々とクラスの友達にインタビューさせる。

結果の確認：2／4時間（振り返り）

▶ 「よかったところ」として，友達に "Nice!" や "Great!" 等の相づちを打っていた姿を取り上げ，次回のインタビューでも取り入れるようにさせる。

▶ クラスの友達にインタビューした結果から，クラスで最も人気のあるフルーツを予想させる。予想を何名かに発表させる。

▶ Mentimeter にログインする。モニターに PIN を映すか，取得した URL を Teams 等に貼り付けたりして共有する。

▶ ①〜③いずれかの方法で，アンケートにアクセスさせる。
　① Mentimeter を開かせ，モニターの PIN を入力させる。
　② 'Mentimeter' と検索，モニターの PIN を入力させる。
　③ Teams 等で共有された URL を押す。

▶ 選択肢から最も好きなフルーツを選んで投票させ（Submit），全体の結果を読み取らせる。

投票の画面

Tips!

　Mentimeter で一度に全員の子どもの考えを吸い上げることができるので，全員参加のスモールトークも可能になる。例えば，"I want to go to the sea in summer vacation. How about you? Let's choose one and submit." （投票後）"Oh really? Do you want to go to the amusement park? Where do you want to go? How about you, Haruki?" など。

2 自宅でオンライン学習，教室外にいる外国人との交流

・時　間：自宅学習，教室外にいる外国人との交流
・準備物：端末，モニター
・ツール：Google Meet，Google スライド，Google ドライブ，Jamboard

1 言語活動の概要

　Google Meet はビデオ会議システムである。Google Classroom とも連動しており，トップページに Meet のリンクが表示されているので，クラスのメンバーであれば誰でも簡単にビデオ会議に参加することができる。これを利用して，自宅からのオンライン学習を行ったり，海外にいる人との国際交流の場を設けたりすることができる。高学年であれば，日本や自分達の住む町についての紹介プレゼンテーションを Google Meet を通して外国の人達に行うことも可能である。

2 事前の準備

　Google Meet の参加方法，画面共有，挙手のやり方等の基本的な操作方法を事前に練習させておく。また，プレゼンテーションを行う場合には，発表で使用するスライドを Google スライドで事前に作成させておく。

3 ICT 活用のポイント

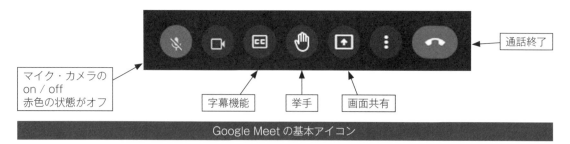

| マイク・カメラの on / off 赤色の状態がオフ | 字幕機能 | 挙手 | 画面共有 | 通話終了 |

Google Meet の基本アイコン

・クラス全員が Meet を行う場合，人数が多いため音声が混線することがある。発言するとき以外はマイクをオフにする。
・自宅学習では，挙手アイコンを活用できる。意見があるときに挙手をタップし，教師は挙手した子どもを指名する。挙手は教師側から解除することもできる。

・画面共有をタップしてタブを選び，画面共有したい Google スライドのタブを選択すると，Meet の会議画面にスライドを表示することができる。

・アクティビティアイコンの ▦ からビデオ会議の様子を録画することができる。発表の評価をするために録画しておくとよい。

4 活動の手順

動画を見て，気付いたこと等を発表したり，ホワイトボードに書かせたりさせる。

▶ 画面共有 を使って，デジタル教材内の動画を見せる。

▶ 挙手している子どもを中心に，動画を見て気付いたことを発表させる。

▶ アクティビティアイコンの ▦ から ホワイトボード を選ぶと，会議のメンバー全員が編集できる Jamboard を開くことができる。Jamboard を利用して，動画で気付いたことをメンバー同士で共有させることができる。

画面共有の様子

外国の人に Google Meet を通して，プレゼンテーションをする。

▶ Google Meet でそれぞれの端末から会議に参加させる。

▶ Google スライドの画面を共有させ，プレゼンテーションを外国の人に行わせる。

▶ ホワイトボード （Jamboard）を使って，相手にコメントを書いてもらう。

▶ プレゼンテーションの様子をパフォーマンス評価するために，ビデオ会議の様子を録画しておく。

ホワイトボードの利用

▶ Google Meet で利用した Jamboard や録画した動画は Google ドライブに保存される。

Tips!

　Google Meet を利用することで，自宅学習の幅が広がるだけでなく，海外等離れている相手とも簡単に交流ができる。画面共有だけでなく，チャット機能やホワイトボード機能等多くの機能が備わっているので，いろいろな意見交流の形をとることができる。

3 発表しよう

・時　　間：どの時間でも
・準備物：端末，モニター
・ツール：Google スライド，Google Classroom，カメラ

1 言語活動の概要

　Google スライドを使いながら，発表を行う。発表を聞く側の子どもも，スライドに映し出されたイラストや写真を手がかりに，発表を聞くことができる。

　また，なるべく時間をかけずに分かりやすいスライドを作り，英語で発表する練習を主な活動とする。Google スライドは，AI 機能も搭載されているので，画像検索やデータ探索が簡単にでき，発表資料を作成するのに適している。

スライドの例

2 事前の準備

　5，6年生に関しては，発表させるトピックについて，教師が初めに子ども達にモデルを示す。そして，子ども達に5，6文程度の英文を準備させる。キーワードを書き写しながら発表原稿を作成させてもよい。発表の流れはメモさせておき，原稿を見ずに発表できるようにする。3，4年生に関しては，3，4文程度で発表の内容を考えさせておく。

　また，グループで発表を行う場合は，スライドを共同作業させるために，グループ番号をファイル名としたスライドを作成し，Google Classroom で課題として出題しておくとよい。

3 ICT 活用のポイント

・Google スライドを使うと，簡単にプレゼンテーションのデータが作成できる。挿入⇒画像⇒ウェブを検索を選択すると，Google 検索で画像を検索でき，気に入ったものを選ぶことができる。Google スライド内の画像検索は，著作権フリーのものが多く，授業内では，比較的自由に使える。

・画像を選び，文字などを挿入すると，画面右下にあるデータ探索で AI がスライドの内容から判断し，レイアウトを提案してくれるので，選ぶだけでよい。スライド作成の時間が大幅に短縮できる。

・画像だけでなく，端末のカメラで撮った写真なども簡単に挿入できる。また，動画を挿入す

ることもできる。

・画像を図形で切り抜いたり，拡大縮小をするなどの加工ができる。

・Google スライドで発表の練習をする場合，字幕設定をしておくと，発表者が話した英語が字幕となってでてくる。子ども自身で自分の話した英語を確認することができ，発表の練習として活用できる。$\boxed{\text{プレゼンテーションを開始}}$をタップすると，左下にメニューがでてくる。メニューの右端 $\boxed{\vdots}$ を選択すると，字幕設定のメニューがでる。

・$\boxed{\text{自動再生}}$で，何秒おきにスライドを進めていくかを設定できる。$\boxed{\text{プレゼンテーションを開始}}$をタップすると，左下にメニューがでる。メニューの右端 $\boxed{\vdots}$ を選択し，$\boxed{\text{自動再生}}$でスライドの再生時間を選択できる。

・$\boxed{\text{Shift}}$ + $\boxed{\text{Ctrl}}$ + $\boxed{\text{ウィンドウを表示}}$ のキーをタップし，下のメニューで$\boxed{\text{画面録画}}$を選択すると，録画できるので，個別でのパフォーマンステストを行うことができる。

・$\boxed{\text{切り替え効果}} \Rightarrow \boxed{\text{モーション}} \Rightarrow \boxed{\text{スライドの移行}}$で，スライドの表示方法を変更することができ，子どもの個性に合わせたプレゼンテーションの作成に活用できる。

4 活動の手順

発表の練習をする様子

▶発表させる内容と英文を考えさせる。

▶ Google スライドを開いて，新規作成画面を開かせる。

▶グループでプレゼンテーションを作成させる。発表させる場合は，スライドを共同編集させるために，グループ番号をファイル名としたスライドを作成し，Google Classroom で出題しておく。その場合，共同編集ができるように，子どもは$\boxed{\text{ファイルを編集可能}}$を選択し，作成させる。子どもに課題を開かせた後，自分のグループ番号のスライドファイルを選び，$\boxed{\text{共有}}$を選択し，作業を行わせる。

▶発表に合うイラストや写真をスライドに挿入し，キーワードをテキストボックスで挿入させる。データ探索を使って，スライドのレイアウトを決定させる。

▶英文1，2文につき，1枚のスライドを用意させる。

▶モニターにスライドを表示させながら，プレゼンテーションをさせる。

▶ポスターセッションを行う場合は，発表する側と聞く側とに分かれて，端末を見せながら，発表を行わせる。このとき，スライドの自動再生機能を使わせるとよい。

Tips!

　Google スライドには機能が多く，活用方法は無限にある。発表資料の作成だけでなく，録画機能を使ってのパフォーマンステスト，モーションを使った音読練習や単語のフラッシュカード作成など，工夫次第でさまざまな機能が活用できる。

4 アルファベットに親しもう

・時　間：3，4／4時間
・準備物：端末，モニター，（QRコード）
・ツール：Quizlet，（Microsoft Teams）

1 言語活動の概要

Quizlet で作成した問題を使って，アルファベット
の小文字に慣れ親しませる。Quizlet をドリル学習と
して活用してアルファベットの小文字を認識させたり，
3年生で学習した大文字と一致させたりすることがで
きる。

自分のペースで，授業中や家庭で学習させる。子ど

Quizlet グラビティの様子

もが慣れてきたら，クラスの友達とリアルタイムで競い合う Live モードでさせる。

2 事前の準備

Quizlet のアカウントを作成し，学習セットを作成する。用
語と定義をそれぞれ入力するようになっているが，ここでは用
語に大文字のアルファベット，定義に小文字のアルファベット
を入力する。A から Z（a から z）の入力を終えてから 作成 を
タップする。タイム等のランキングの記録を残すために，子ど
も達にもアカウントを登録させる。

3 ICT 活用のポイント

・音声を聞いてアルファベットを入力したり，同じアルファベ
　ットをマッチしたり等，さまざまな学習モードを通じ，飽き
　ることなく学習することができる。
・授業中だけでなく，家庭学習の課題として与えることもでき
　る。有料版であれば，子ども達の進捗状況を把握できる。
・アカウント登録すると学習記録が保存できる。友達のがんば
　りに刺激を受けながら，主体的に学ぶことができる。

学習

単語カード

学習

筆記

音声チャレ
ンジ
2%終了

テスト

ゲーム

マッチ
ベスト11秒

グラビティ
ベスト486×10³点

Live

さまざまな学習モード

4 活動の手順

学習：3／4時間目（導入）

▶「マッチ」や「グラビティ」など，取り組む内容をクラスで1つ選ばせる。モニターに映し，実際にやって見せることで，学習方法を理解させる。

▶3分程度，自力で学習させる。

▶ランキングに表示された上位者の名前を読み上げる。

▶Quizlet には，他にもさまざまな学習モードがあり，家庭学習で活用してよいことを知らせる。次回はクラスの友達と競争する Live モードですることを予告する。

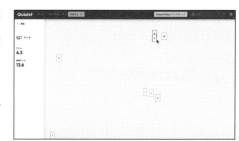

Quizlet マッチの様子

Live モード：4／4時間（導入）

▶Quizlet にログインし，作成したクイズを開く。

▶画面左のリストから Live を選ぶ。

▶グループ対抗戦か個人戦かを選ぶ。

▶端末をモニターに接続する。子ども達に QR コードを共有させるか，Teams 等でリンクを共有させる。

▶自分の名前を入力させる。

▶教師の端末の画面をモニターに映し出す。自分の名前が参加者一覧に反映されたことを確認させる。

▶子ども達が参加者一覧に揃ったら，ゲームを作成をタップして，開始する。

▶子ども達の回答の様子がモニターに映るので，適宜声をかける。

▶終了後，上位でゴールした子どもを褒めたり，間違えたところを確認したりする。

Quizlet Live の回答の様子

Tips!

Quizlet はアルファベットの文字だけでなく，5，6年生の「読むこと」の学習において，慣れ親しんだ語彙を確認させることにも活用できる。文字だけでなく，イラストを付けたい場合には，教師が Quizlet の有料版を入手したり，Quizizz 等の他のアプリケーションを活用したりする。家庭学習として提案するだけではなく，授業内で Live モードで行い，個人学習の動機付けにすることもできる。

5 【家庭学習】行きたい場所を投稿しよう

・時　間：単元終了後の宿題　　　　　・準備物：端末，一人一人に与える QR コード
・ツール：Flipgrid（アプリケーションを入手すると使いやすい），（Microsoft Teams, Google Classroom, GridPals, Skype）

1 言語活動の概要

　グループのメンバーが動画投稿できる Flipgrid を使って，自分が旅行したい場所について伝えるビデオメッセージを作成し，投稿させる。単元では，おすすめの国について，観光地やおすすめの食べ物を紹介する表現に慣れ親しませる。学習した表現を使い，ここでは国内の自分が旅行したい場所について Flipgrid で投稿させる。

Flipgrid の投稿

　Hello! I'm Haruka. I want to go to Okinawa. I like swimming.
　You can swim in the beach ….

　同じグループの子ども達は，投稿された動画を見た後，内容に対するコメントと，自分自身が旅行したい場所について投稿させる。このように，次々と動画の投稿が連なるようにする。

2 事前の準備

　教師だけが Flipgrid のアカウントを作成し，クラスのグループのメンバーに子ども達を追加する。姓名と Username（Student ID）を入力すると，Code や QR コードが自動で作成される。一人一人に印刷できるようになっているので，印刷後，子ども達に配付する。投稿のためのトピックを作成し，グループごとにテーマを用意する。

　子ども達には，Flipgrid を入手させたり，Teams や Google Classroom と連携させたりすると簡単にアクセスすることができる。

個人の QR 等を作成

3 ICT 活用のポイント

・友達が話す内容を理解し，コメントのために何度も繰り返し見ることができる。
・友達からのコメントで，友達とのつながりを感じることができる。

・動画でコメントをするので,「書くこと」に慣れていなくても無理なくできる。

4 活動の手順

1人目の投稿

▶ Flipgrid や Teams 等を開き QR コードのロゴを押すと
カメラが立ち上がる。事前に教師が配付した個人の QR
コードをスキャンさせる。

▶一覧から,自分のグループのトピックを選ぶ。

▶ビデオのロゴ Record a response をタップし,動画を撮
影,投稿させる。

Hello! I'm Haruka. I want to go to Okinawa. I like swimming.

You can swim in the beach. You can eat *soki soba*. It's delicious.

Where do you want to go?

▶投稿を完了させる。

QR コードをスキャンさせる

2人目以降の投稿

▶1人目の投稿を繰り返し見ながら,コメント内容を考えさ
せる。

▶投稿動画の下にあるビデオのロゴ add a comment から,
友達にコメントをしたり,自分のことを伝えたりさせる。

It's a good idea, Haruka! I like swimming, too.

I want to go to Kanagawa. You can swim in Kanagawa.

What characters do you like? I like Doraemon very

much. I want to go to the Fujiko F Fujio Museum in Kanagawa.

▶3人目も続いて投稿させる。

2人目の投稿

Tips!

　Flipgrid は,クラスの友達だけでなく,海外の学校の子ども達ともコミュニケーションを
図るツールとして活用できる。世界中の教師が登録している GridPals から交流する相手を
探すことができる。Flipgrid での交流は,時差を配慮する必要がなく,教師同士で交流テー
マの打ち合わせができればすぐにやり取りできる。時差が6時間以内であれば,授業時間内
での交流が可能なので,Flipgrid での交流に加えて,Skype 等を活用したリアルタイムの
コミュニケーションを図ることもできる。

Google Chrome OS

Microsoft Windows

Apple iPadOS

さまざまなソフト・アプリ

6 英語を書こう

・時　間：3／4時間
・準備物：端末，モニター
・ツール：Chrome 描画キャンバス，Google スライド，Google Classroom

1 言語活動の概要

　Chrome 描画キャンバスを使いながら，アルファベットの文字や英単語を書く練習をする。アルファベットの文字を書くための4線を下の層（レイヤ）として，上の層に文字を書かせる。レイヤは，いくつもの層に文字などを重ねることができるので，アルファベットの文字や英単語，英文を初めて書かせるときには，下の層に手本を入れておき，違う色でなぞらせることもできる。また，ホワイトボードに書くように，消すこともできるので，紙に書く前の練習として適している。

　Chrome 描画キャンバスでの書く練習の後には，アルファベットの文字を書いてペアで読ませる。英語の単語を書き写し，イラストを付けて単語カードを作らせる，などの活動もできる。また，授業の帯活動や最後のまとめとしても活用できる。

2 事前の準備

　Google スライドで4線を書き，そのデータを保存する。Chrome 描画キャンバスを開き，Google スライドのデータを選択し，表示する。それを背景として設定し，名前を付けて保存しておく。また，教師が子ども達にモデルを提示できるように準備しておく。

作成した4線

3 ICT 活用のポイント

・Chrome 描画キャンバスを使うと，4線は表示したまま，その上にアルファベットの文字を書いたり，消したりできるので，何度も書き直しができる。

アルファベットをなぞる練習

・拡大縮小ができるので，子どもの書きやすい幅に4線を合わせることができる。
・子ども達が4線に書いた英単語や英文をクリップボードに保存し，Google スライドに画像として貼り付け，ポスターやカード作成に利用する。

4 活動の手順

書く練習：3／4時間目（導入）

▶書かせるアルファベットの文字の発音や英単語，英文の音に十分慣れ親しませる。

▶Google Classroom を開いて授業タブをタップし，課題「書く活動（4線）」を開かせる。

▶Chrome 描画キャンバスを使って，学習したアルファベットの文字や英単語を書かせる。

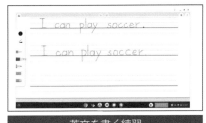

英文を書く練習

▶子どもがアルファベットの文字を書くことに慣れていない場合は，上から手本をなぞれるように下にレイヤを入れる。

▶英単語や英文の場合は，書き写しができるように上段に手本を書いておくなどの工夫をする。

ポスターの作成：3／4時間目（展開）

▶Google Classroom を開いて授業タブをタップし，課題「書く活動（4線）」を開かせる。

▶子どもは，自分が作成したいポスターを考え，Chrome 描画キャンバスを使って，必要な英単語や英文を書き，保存する。

ポスターの作成例

▶ポスターのテーマに合うイラストを Chrome 描画キャンバスで描き，保存する。

▶Google スライドを開き，Chrome 描画キャンバスで保存した英単語や英文，イラストを，画像として保存⇒コピーしてクリップボードに保存を選択し，Google スライドのページに貼り付ける。

▶Google スライドで，文字やイラストを拡大縮小しながら，レイアウトを考える。

Tips!

　子どもにポスターを作らせるとき，4線に書いた英語を切り取ってポスターに貼り付けていたが，デジタルで行うことで，スムーズに作業ができ，レイアウトも見ながら行える。
　時間短縮を行いたいときには，イラストを画像検索で探すこともできるが，著作権には十分に注意が必要である。

7　スモールトークの内容を早押しクイズで答えよう

・時　間：どの時間でも　　　　　　　・準備物：端末，モニター
・ツール：Kahoot!（アプリのダウンロード，または検索でも使用できる），（Microsoft
　　　　　Teams）

1　言語活動の概要

子ども達の回答を確認する様子

　事前に Kahoot! で作成したクイズを使って，スモールトークの内容を確認する。クイズは４択か２択の早押しクイズである。教師のスモールトークを聞かせた後，端末に表示された選択肢から，内容に合うものをできるだけ早く答えさせる。制限時間がくると正解が表示される。１問ごとに回答を確認し，簡単に解説をする。早く回答できた子どもには，得点が多く与えられ，回答の早い上位者や伸びが見られる子どもは，モニターに名前が挙がる。全てのクイズの終了後には，総合順位の上位者の発表，表彰が行われる。楽しく競い合いながら，スモールトークの内容理解を確認することができる。

2　事前の準備

　教師のみ Kahoot! のアカウントを作成し，内容理解のクイズを作る。無料版では４択か２択問題を作成できる。選択肢に語彙を入力し，正解にはチェックを付ける。クイズは，３〜５問程度作成する。

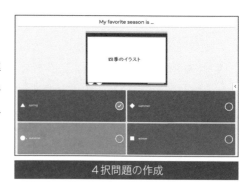

４択問題の作成

3　ICT 活用のポイント

・１問ずつ正誤が分かるので，回答直後に解説することができる。回答の様子は，グラフで分かるので，子ども達のつまずきが多い箇所にすぐに気付くことができる。また，全クイズの終了後，Report に取り組み状況が記録として残る。どの子どもにサポートが必要なのか，教師が詳しく把握することができる。
・内容理解のクイズなので，キーワードの語彙や表現を聞こうと意識する。
・発言が苦手な子どもも，抵抗なく楽しく参加できる。

4 活動の手順

準備：1／8時間目（導入）

- ▶ Kahoot! にログインし，作成したクイズを開く。
- ▶ Play をタップしてから Teach を選ぶ。
- ▶ 子ども達の端末に選択肢の語彙を表示させたい場合は， プレーヤーのデバイスに問題と答えを表示する をオンにする。
- ▶ クラシック を選び，参加の PIN（数字）をモニターに映す。

クイズの設定画面

- ▶ Kahoot! アプリや検索，Teams 等による共有で Kahoot! を開かせ，PIN を入力させる。
- ▶ ニックネームに名前を入力させ，モニターに自分の名前が反映したことを確かめさせる。

リスニング：1／8時間（展開）

- ▶ 参加者一覧に子ども達の名前が揃ったら，メモを取らせずにスモールトークを聞かせる。

  Hello, everyone. I'll tell you about my favorite things.

  I like spring. I like cherry blossoms. They are so beautiful. So, I want to go to Kyoto.

  I like music. I like playing the piano and dancing. They make me happy.

  I like pandas, koalas, and kangaroos. I don't like cats. Do you like animals?

- ▶ クイズをスタートさせ，モニターの選択肢を読み上げる。
- ▶ 制限時間内に，ふさわしい選択肢を選ばせる。
- ▶ 1問ずつ正答を確認し，簡単な解説を行う。
- ▶ 早く回答できた上位者や伸びが大きい子どもの名前がモニターに表示されるので，読み上げて拍手を送る。
- ▶ クイズの終了後，総合順位で表彰された子どもを褒める。
- ▶ スモールトークを初めから再度聞かせ，内容を確かめる。

回答者の画面

Tips!

　語彙や表現の英語を理解できない子ども達でも教師が選択肢を読み上げれば，特に問題とはならない。選択肢はそれぞれが色（赤，青，黄，緑）や形（△，◇，○，□）で分けられているので，色のクイズや形のクイズとして出題することもできる。クイズで直接問わない内容まで意図的に多く伝えると，聞かせる分量を増やし，学年やクラスの実態に応じた難易度に調整することができる。

8　学校の１日を紹介しよう

・時　間：どの時間でも
・準備物：端末
・ツール：VN ビデオエディター

1　言語活動の概要

　ここでは，学校生活の１日を場面ごとにビデオ撮影し，分かりやすいように編集し，完成後，交流相手校にビデオレターとして送る。ナレーションは次のようにする。"Hello.　My name is ....　We are now in the science room. It's 10:25.　Today we study ...." ビデオ撮影の場所や内容を選ぶにあたっては，交流相手校の子ども達が興味を持つように撮影計画をクラスみんなで立てる。

編集画面

2　事前の準備

　動画編集アプリの１つである VN ビデオエディターを使用するので，事前に端末にダウンロードしておく必要がある。また，学校紹介に使うビデオは，編集する端末で撮影しておくと後々便利である。

3　ICT 活用のポイント

ブラシ・イラスト制作アプリ

・編集するビデオを選択する。

　画面下にある+をタップし，次に新しいクリップをタップする。そして，最近の項目⇒ビデオをタップし，ビデオライブラリーから編集するビデオをタップして，最後に画面右下の→をタップすると，タイムラインに挿入できる。

・ビデオを編集する。

　分割カット…白い縦線（再生ヘッド）を分割したい位置に合わせ，下にある分割をタップする。不必要な部分を選択し，削除をタップする。

　トランジション…カットした部分にでてきた+をタップすると，さまざまなトランジションを選択することができる。

・ナレーションやBGM音楽を挿入する。

タイムライン一番上の $\boxed{\text{音楽トラック}}$ の $\boxed{+}$ をタップして，$\boxed{\text{ミュージック}}$，$\boxed{\text{効果音}}$，$\boxed{\text{ナレーション}}$ のいずれかをタップする。音楽の場合には，$\boxed{\text{ミュージック}}$ をタップして，好きな音楽を選び，$\boxed{\text{使用}}$ をタップすると挿入することができる。音量は，$\boxed{\text{ボリューム}}$ から調整する。確定は，画面下にある $\boxed{✔}$ をタップする。

編集作業する子ども

・テキストテロップを挿入する。

タイムライン一番上の $\boxed{\text{テキストトラック}}$ の $\boxed{+}$ をタップして，$\boxed{\text{字幕}}$ か $\boxed{\text{Title Template}}$ をタップして，好きな字幕を選んで，文字を打ち込み，$\boxed{✔}$ をタップする。

・書き出す。

画面右上の $\boxed{\text{書き出し}}$ をタップして，$\boxed{\text{書き出す}}$ ⇒ $\boxed{\text{保存のみ}}$ に保存する。

4 活動の手順

学校生活のどの部分をどのペアが紹介するかを決めて，ビデオ撮影をさせる。

▶ペアになり，担当する場面を決めて，ビデオ撮影の計画を立てる。ナレーションを英語で作成させ，ビデオの編集途中に挿入させる。

▶ビデオを撮影して，編集させる。ナレーションの作成と音読の練習は，編集と並行して行わせる。

完成したビデオを視聴し合う。

▶完成したビデオを視聴して相互評価をさせる。

交流相手校にビデオレターとして送る。

Tips!

他にもいろいろな編集上の効果を比較的簡単な操作でできるので，是非試してみたい。教師は，子ども達が編集したビデオレターを1本のビデオに編集する。しかし，ビデオが長時間になる場合は，1本に編集せず，バラバラに交流相手校に送った方が喜ばれる場合もある。

9 スピーチの音読練習をしよう

・時　間：どの時間でも
・準備物：端末
・ツール：ロイロノート・スクール

1 言語活動の概要

　ここでは，子ども一人一人が「夏休みの思い出」のスピーチを自信を持ってできるようにする。スピーチでは，まだ慣れ親しんでいない動詞の過去形を使うことになる。例えば，次のようなスピーチである。

This is my summer vacation. I went to my grandfather's house. I ate sushi. It was good.

　子どもが何度も聞いて，最終的に発表できるように，個々に応じた音声教材を教師が事前にモデルとして作成する。子ども達には，リズムやイントネーションに気を付けさせて，モデルを真似て言わせるように指導する。

ロイロノートで作成中のテキストカード

2 事前の準備

　事前に夏休みの思い出についてのアンケートを実施し，どのような動詞の過去形を使う必要があるかを把握しておく。また，ロイロノートを家庭で活用するので，各家庭で接続できるかを確認させておく。

3 ICT 活用のポイント

ロイロノートを使って，音読練習をする。

・モデルリーディングを録音した音読練習用のテキストカードを作成して子ども達に送る。テキストをタップし，好きな色のテキストカードをタップする。次に，その選んだカードをタップして拡大した後，画面の上方にあるあをタップしてキーボードを出し，例えば，日本語での説明や発表原稿の英語を入力する。入力が終わったら，録音をタップし，教師が読む英語を録音する。最後に画面左上の矢印をタップしてカードを小さくし，送るまでドラッグ＆ドロップして，全員に送る。

・提出用のテキストカードを送る。

　音読練習用カードと同じ発表原稿の英語を入力したカードを提出用として作成し，同様に子ども達に送る。

・提出箱を作成する。

　画面の左にある 提出 をタップして，新しい提出箱を作る をタップする。次に画面上中央にある 提出物A をタップし，提出箱の名前を入力する。次に，画面右上にある赤色の 残り時間 をタップして，提出締め切り日時を指定する。

・提出する。

　子どもが録音したカードを提出するには，提出するカードを 提出 までドラッグ＆ドロップして，提出先をタップして提出する。

・提出したカードを添削し，返却する。

　指定した 提出箱 をタップすると，課題提出状況が一覧で見ることができる。提出したカードをタップして音声を再生し，添削して返却する。

課題提出状況がひと目で分かる

4 活動の手順

モデルリーディングを何度も聞き，繰り返し言わせる。

　▶ロイロノートの音読練習カードを聞き，何度も練習し，読んだものを提出させる。

スピーチを作らせる。

　▶スピーチのテーマに合ったプレゼンテーション原稿を作成させる。

プレゼンテーションの練習をさせる。

　▶練習中の音声を送らせて，教師がコメントする。

プレゼンテーションをさせる。

　▶最終的に録音して，提出させる。

Tips!

　発表練習を録音させて提出させるときには，できるだけ静かな環境で，大きな声で本番のように丁寧に言ったものを録音させるようにする。

10 クイズ大会をしよう

・時　間：どの時間でも
・準備物：端末，電子ペン，モニター
・ツール：ロイロノート・スクール，AirPlay

1 言語活動の概要

　ここでは，1年間のまとめとして，6年生で学習した内容を使った振り返りをゲーム形式で行う。問題作成にあたっては，4領域の（「聞くこと」，「読むこと」，「話すこと ［やり取り］」，「書くこと」）をバランスよく配分する。回答方法は，ロイロノートを使う場合と，直接話して答えさせる場合とにする。

2 事前の準備

　教師は，事前にクイズの問題を作成しておき，問題と解答とをスライドショーで見せる準備をしておく。また，子ども達がロイロノートで回答するときには，答えを手書きでテキストカードに書かせるため，電子ペンを用意させておく。ロイロノートには，解答を提出する提出箱を問題ごとに作成しておく。

3 ICT 活用のポイント

授業中にロイロノートを使ったクイズ大会をする。
・聞いて書くことの問題例（教師は問題文を読むだけ）
　（例1）　教師が言うアルファベットの文字（b, d, p, q, l, r など）を聞き取って，テキストカードに書き込み，提出箱に提出する。
　（例2）　教師が言う英文（"Two yellow butterflies and one big panda." など）を聞き取って，テキストカードに絵を描いて提出させる。
　（例3）　教師が言うやり取り：What do you want to be, Keiko? I want to be a doctor. How about you, Sho? I want to be a dentist. （Question）What does Sho want to be?「翔は何になりたいと言っていますか」などを聞き，テキストカードに翔が就きたい仕事を絵か英語で書いて提出する。
・読んで書くことの問題例（教師は問題文を示すだけ）
　（例1）　教師が書くアルファベットの文字（p, o, i, h, s, l, a, t など）を並び替えてできる英

単語（hospital）をテキストカードに書いて，提出箱に提出する。

(例2)　教師が書く英文（"I ate a green apple last night." など）を読み，テキストカードに絵を描いて提出する。

(例3)　教師が書くやり取り：What sports do you like, Keiko? I like swimming and surfing. （Question）What sports does Keiko like?「佳子はどんなスポーツが好きですか」などを読み，テキストカードに佳子が好きなスポーツを絵か英語で書いて提出する。

・聞いて話すことの問題例（ロイロノートへの提出ではなく挙手して答える。）

(例1)　教師が言う綴り（w, a, t, e, r, m, e, l, o, n など）を聞き取り，挙手をしてその英単語を発音する。

(例2)　教師が言う質問（"What did you eat for breakfast?" など）の既習の疑問文を聞き取り，挙手をしてその質問に文章で答える。

・解答の確認は，それぞれの問題の提出箱を開き，全員の解答の一覧を AirPlay を使って，モニターに映しながら全員で確認する。その際，子ども達の名前は非表示にする。グループ対抗にする場合は，解答に使用するテキストカードの色を決めておくと，グループごとの正解者の人数などが分かりやすくなる。

4 活動の手順

ロイロノートを使ったクイズ大会をする。

「hospital」を提出した全員の様子

▶グループのメンバーを決める。

▶グループで教科書を見て，学習してきたことを振り返らせる。

▶ロイロノートを使ったクイズ大会をする。

▶グループごとに得点を集計する。

▶各自，テキストカードにクイズ大会の感想を書き，提出箱に提出する。

▶提出の一覧を AirPlay を使って，モニターに映しながら全員で確認する。

Tips!

　授業中にロイロノートを使ったクイズ大会を行う場合には，各問題の提出締め切り時刻を上手に設定して，テンポよくクイズ大会が行えるように時間をコントロールする。

【編著者紹介】

菅　正隆（かん　まさたか）

大阪樟蔭女子大学教授。児童教育学部学部長。岩手県北上市生まれ。大阪外国語大学卒業後，大阪府立高等学校教諭，大阪府教育委員会指導主事，大阪府教育センター主任指導主事，文部科学省初等中等教育局教育課程課教科調査官・国立教育政策研究所教育課程研究センター教育課程調査官を経て，2009年4月より現職。文部科学省教科調査官時代，日本初の小学校外国語活動導入の立役者。英語授業研究学会理事。

著書に，『指導要録記入例＆通知表文例が満載！小学校外国語新3観点の評価づくり完全ガイドブック』，『指導要録記入例＆通知表文例が満載！小学校外国語活動新3観点の評価づくり完全ガイドブック』，『日々の授業から校内研修・研究授業までフルサポート！小学校外国語活動・外国語授業づくりガイドブック』，『小学校　外国語活動"Let's Try! 1＆2"の授業＆評価プラン』，『小学校　外国語"We Can! 1"の授業＆評価プラン』，『小学校　外国語"We Can! 2"の授業＆評価プラン』，『アクティブ・ラーニングを位置づけた小学校英語の授業プラン』，『成功する小学校英語シリーズ　3年生からできる！モジュールを取り入れた外国語活動 START BOOK』（以上，明治図書），『小学校教師のためのやってはいけない英語の授業』（ぎょうせい）等多数。

【執筆者紹介】（執筆順）＊執筆箇所

菅　正隆　大阪樟蔭女子大学教授，
　　　　　一般社団法人　日本SDGs協会理事
　　　　　　＊はじめに，本書の使い方，Chapter1, 2
植西仁美　和歌山市教育委員会学校教育課専門教育監
　　　　　　＊Chapter3　1, 3, 4, 8, 9, 11, Chapter4　3, 6
森川英美　和歌山市立藤戸台小学校
　　　　　　＊Chapter3　2, 5-7, 10, 12, Chapter4　2
北野　梓　大阪教育大学大学院，富田林市立高辺台小学校
　　　　　　＊Chapter3　13-24, Chapter4　1, 4, 5, 7
梅本龍多　関西大学初等部
　　　　　　＊Chapter3　25-36, Chapter4　8-10

わかる！できる！小学校外国語活動・外国語
1人1台端末授業づくり完全ガイドブック

2021年11月初版第1刷刊　Ⓒ編著者　菅　　　正　隆
　　　　　　　　発行者　藤　原　光　政
　　　　　　　　発行所　明治図書出版株式会社
　　　　　　　　　　http://www.meijitosho.co.jp
　　　　　　　　（企画）木山麻衣子（校正）有海有理
　　　　　　　　〒114-0023　東京都北区滝野川7-46-1
　　　　　　　　振替00160-5-151318　電話03(5907)6702
　　　　　　　　ご注文窓口　　　　　電話03(5907)6668
＊検印省略　　　組版所　長野印刷商工株式会社

もれなくクーポンがもらえる！読者アンケートはこちらから →